Lebendiges Wasser

Lebendiges Wasser

Geschöpft aus Ansprachen
des seltenen Gottesmannes
Johannes Gommel

Mit einem Vorwort

von

Joseph Hahn

Turm-Verlag
74321 Bietigheim-Bissingen

Wer aber von dem Wasser trinken wird, das ich ihm gebe, den wird in Ewigkeit nicht dürsten, sondern das Wasser, das ich ihm geben werde, das wird in ihm eine Quelle des Wassers werden, das in das ewige Leben quillt. (Joh 4,14)

18. Gesamt- und Neuauflage 2010

Copyright © by Turm-Verlag, D-74321 Bietigheim-Bissingen
Alle Rechte vorbehalten, auch die des auszugsweisen Nachdrucks, der fotomechanischen Wiedergabe, der tontechnischen Wiedergabe und Einspeicherung in elektronischen Systemen.
Printed in Germany
E-Mail: info@turm-verlag.de
Internet: www.turm-verlag.de
Druck: Ludwig Auer GmbH
Foto Umschlag: Blatt im Wasser
© ImagePoint.biz / McPHOTO

ISBN-13: 978-3-7999-0246-5

Vorwort

Johannes Gommel wurde am 16. Oktober 1811 zu Heimerdingen in Württemberg geboren. Er war klein von Gestalt, hatte blaue Augen, gelbblonde Haare, war schwächlich und unbegabt. Als Kind hielt man ihn nahezu für blödsinnig. In der Schule lernte er nichts, konnte aber stundenlang für sich allein nachdenkend sein oder bei etwas zusehen. Mit größter Mühe brachte es sein Privatlehrer (der Lehrgehilfe an der öffentlichen Schule) dahin, dass er die gedruckten Konfirmationsfragen, die er herzusagen hatte, auswendig lernte. Lesen und Schreiben konnte man ihn nicht lehren, und er wäre nicht konfirmiert worden, hätte man nicht auf seinen Vater, der Ortsvorstand war, Rücksicht genommen. Lesen lernte er später durch den häufigen Gebrauch des heiligen Gotteswortes und den Beistand des Heiligen Geistes. Im Schreiben brachte er es nicht weiter, als zu seinem Namenszug. Sein irdisch gesinnter, in geistlichen Dingen unerfahrener Stiefvater behandelte ihn hart, was Johannes bei dem immer mehr hervortretenden inneren Leben umso schwerer empfand. Der Vater nahm jedoch keine Rücksicht darauf. Unter der schweren Landmannsarbeit, welcher die schwache Kraft Johannes Gommels nicht gewachsen war, rief er manchmal aus: „Herr, wirst du nicht ein Ende machen?!"

Obgleich er äußerlich etwas Einfältiges, Unansehnliches und eine stammelnde Zunge hatte, konnte er doch, wenn er aufwachte, mit hinreißender Beredsamkeit eine ganze Versammlung fesseln. Sein Antlitz strahlte dann von einer himmlischen Liebe, sein Auge wurde lebendig von einem milden Glanz, ja sein ganzes Wesen wurde Liebe. Die unscheinbare Gestalt verwandelte sich so sehr, als wenn er ein anderer Mensch geworden wäre. Seine Worte klangen anfangs schüchtern, aber dabei so eigen lieblich, aus einem so innigen Ton, dass man unwillkürlich an den Geist Gottes denken musste, der aus ihm rede. Sie waren höchst einfach, aber voll Geist und Leben und wurden immer belebter, bis es kam, als ergösse sich ein Strom von Feuer und Geist aus ihm, sodass es nicht nur ein unbeschreiblicher Geistesgenuss war, ihm zuzuhören, sondern dass man mit fortgerissen wurde nach dem Himmel, ja bis vor den Thron Gottes selbst.

Sein Herzensfreund und erster Biograph, der längst heimgegangene Pfarrer Schwarz von Botenheim, schreibt über einen in der Adventszeit des Jahres 1839 bei ihm gemachten Besuch Johannes Gommels wörtlich: *„Er bezeugte sich bei uns mit einer Demut, wie wir vor- und nachher keine mehr sahen, der man aber anspürte, dass sie von Herzen kam. Gleich dieser erste Besuch ließ einen großen Segen bei uns zurück, obgleich wir nachher uns kaum mehr sagen konnten, was wir gehört hatten, denn es waren die einfachsten Worte der Schrift gewesen. Aber wir hatten die Kraft des*

Wortes Gottes erfahren und hatten mit Augen und Herzen gesehen, wie es Geist und Leben werden kann, sodass wir am andern Tag, dem Adventsfeste, wo wir auch zu Gottes Tisch gingen, einen so innigen und seligen Genuss von dem Heil in Christo hatten wie noch nie, und dies dauerte auch die ganze Woche fort. Am Dienstag darauf kam er wieder zu uns und blieb den ganzen Tag, hielt auch in einer kleinen Versammlung bei uns eine Ansprache, in der er hauptsächlich darauf drang, dass man in der Gnade Gottes allem absagen und mit allem Ernst nach dem Loswerden von aller Sünde ringen soll, weil ja nichts Gemeines noch Unreines ins Reich Gottes eingehe. Alles müsse weg, was noch im Fleisch sei. Darum habe der Herr den Weg so schmal gemacht. Es wäre nicht gut, wenn etwas vom Fleisch noch mit hinüber käme, denn das müsste uns vom Lichtreiche abstoßen in die Finsternis zurück, weil ja die Seele im Tod nicht sterbe, sondern so wie sie sei, mit ihren Trieben, Neigungen und Gewohnheiten in die Ewigkeit eintrete. Und auch auf der Welt gelange die Seele nicht zum völligen und bleibenden Frieden in Christo, wenn sie nicht alles Sündliche darangegeben habe. Und dazu dürfen wir ja nur den lieben Heiland bei seinem Worte fassen; wenn wir mit dem die Sünde recht angreifen, so müsste der Teufel und die Hölle erzittern. Es sei ein einfacher Weg, aber ernstlich müsse man darauf bleiben, sonst könne einem Christus nicht helfen, noch seine Gaben mitteilen, und diese seien so groß. Wenn man Ihn recht habe, so komme es zuletzt, dass man in einem Reichtum von Seligkeit schwimme. Man habe es ja so gut beim Heiland (und das konnte man recht gut glauben, weil man von ihm den Eindruck erhielt, dass er aufs Innigste mit Jesu verbunden und ganz unbeschreiblich selig sei)." –

In seinen Jünglingsjahren erfuhr Johannes zwar auch durch mancherlei Versuchungen, dass er Fleisch und Blut hatte; aber durch die Gnade Gottes blieb er dem Herrn fortwährend treu. Er besuchte die Versammlung der Gläubigen, blieb aber in seiner Demut so schweigsam, dass niemand wusste, was für ein Werk Gottes in ihm war. Was da für sein inneres Wachstum vorkam, nahm er stille auf, das andere ließ er liegen. So machte er es auch beim Besuch des Gottesdienstes in der Kirche, den er ohne Not nicht versäumte. In dieser Verborgenheit, die er 13 Jahre hindurch behauptete, kam er in eine immer innigere Geistesgemeinschaft mit Jesu hinein und zog die Kraft seines Lebens zur Ertötung des alten Menschen und seiner Begierden, Lust und mächtigen Eigenart immer mehr an. Und da er also stets hatte, so ward ihm auch je mehr und mehr gegeben, dass er die Fülle hatte und die Gabe des Heiligen Geistes in ihm ein ununterbrochener Lebensstrom wurde. „So wurde er", wie Pfarrer Schwarz berichtet, „auch mehr und mehr ins himmlische Wesen gezogen. Da lebte er eigentlich, auf Erden blieb er ein Fremdling. Da er zudem schwächlich war und das Bauernwesen sein Beruf nicht sein konnte – obgleich er immer, soviel es ihm physisch möglich war, seinem Vater und seinen Brüdern in allen Arbeiten zur Hand ging – wurde er immer mehr seines himmlischen Berufs teilhaftig und erfuhr die Kraft des göttlichen Wortes, das seine fortwährende und teuerste Seelenspeise war, auf eine ganz außerordentliche Weise. Er erzählte uns zum Beispiel in seiner unverdorbenen Kindlichkeit (die ihn neben aller empfangenen Weisheit bis zum Tode nicht verließ), er habe früher, als er in der Bibel von den großen Verheißungen für die Überwinder gelesen habe, zum lieben Heiland sagen müssen: ‚Was sind denn das für Leute, die Überwinder, dass Du denen so Großes verheißen hast?' Aber später, da er erfahren habe, was es koste, wenn man zum Leben eingehen wolle, nämlich *alles*, den Tod des *ganzen* alten Menschen, da habe er nicht mehr gefragt.

Und in Wahrheit: Wenn es Überwinder gibt, d.h. solche, die in der Tat den Sieg über den alten Menschen durch die Kraft des Lebens Christi errungen haben – und dass es solche geben müsse, erfahren wir wenigstens aus dem Wort Gottes – so ist er als ein Überwinder vom Tode zum Leben hindurchgedrungen. So heftig und reizbar auch sein alter Mensch von Natur gewesen war, von der Zeit an wenigstens, wo wir ihn kennenlernten und in dem Umgang von zwei Jahren, während welcher er wohl sechsmal auf kürzere oder längere Zeit bei uns war, konnten menschliche Augen keine Empfindlichkeit, keine Heftigkeit, keine Ungeduld, keine Reizbarkeit, keine Regung von Stolz oder

Selbstgefälligkeit und ebenso wenig eine Augenlust oder Fleischeslust oder hoffärtiges Leben, noch weniger eine Unlauterkeit oder etwas Gemachtes an ihm bemerken. Er dachte sich über niemand hinauf, so schlecht jemand auch sein mochte, denn er sagte: ‚Der Heiland kann morgen aus ihm einen Heiligen machen, dessen ich nicht wert wäre, nur der Türhüter zu sein.' Voll ungeheuchelter Herzensdemut und lauterer Herzenseinfalt, in einer alle umfassenden Liebe, im Frieden Gottes, sodass er ihn wie umschloss und umwehte, in herzlicher Freundlichkeit und Gutmütigkeit, in einer herzgewinnenden Sanftmut, mit herzlichem Erbarmen über Verirrte und Gottes oder Jesu Widersacher, immerwährend in sich gesammelt und eingekehrt, in stiller Ruhe, der man den ununterbrochenen Gebetsumgang mit seinem Lebensquell Jesu wohl anspürte, in der kindlichsten Arglosigkeit und – als er später die Falschheit der Menschen erfuhr – in einer zuvorkommenden Milde und weisen Liebe gegen Arglistige, in der bescheidensten Niedrigkeit, in der aufmerksamsten Dienstfertigkeit, in der ernstesten Selbstverleugnung, in der weisesten Vorsicht in Wort und Tat (wie der lebenserfahrenste Greis, aber ganz kindlich), und in der ungezwungensten Freudigkeit: so wandelte er dahin als ein Licht der Welt. In Wahrheit, es war eine ganz außerordentliche Erscheinung, wie man sie in alten Lebensbeschreibungen, zum Beispiel der heiligen Seelen von Tersteegen, noch liest, aber nirgends mehr sieht oder hört. Das war ein wahrer Christ, denn er war ein Bild Jesu Christi, eine neue Kreatur, die wahrhaftig aus Gott geboren war und in der die Kraft der Gnade, die Kraft des Lebens Jesu wirklich zum Sieg über die Sünde im Menschen hindurchgedrungen war. Jesu war sein Leben, seine Liebe, sein einziger Magnet, sein Ein und Alles.

Mit dieser sittlichen Durchleuchtung seines ganzen Wesens war aber auch ein hohes Geisteslicht verbunden. Je weniger er von der Weisheit dieser Welt in sich aufnehmen konnte, umso mehr konnte die göttliche Weisheit in ihn eingehen und sich ihm offenbaren. Und da kam es dann auch nach und nach dahin, dass er empfing, was unser Herr seinen ersten Jüngern verhieß: ‚Sie werden den Himmel offen sehen' (Joh 1,51). Er hatte den geöffneten Blick in die Regierung Gottes im Himmel und auf Erden, sodass, wenn er seinen Vertrautesten und Gefördertsten etwas davon mitteilte, die heiligsten Geheimnisse des Waltens Gottes mit seinen Kreaturen, und zwar ganz in Übereinstimmung mit den Aufschlüssen des heiligen Gotteswortes, enthüllt wurden. Ebenso blickte er in den Geist dieser Welt und dessen Entwicklung – obgleich er keine Zeitung las noch sonst irgendwoher eine äußere Belehrung über Weltkunde erhielt – mit einer Schärfe und Tiefe des Geistes hinein, dass einen oft Staunen und Schauder ergriff.

Wenn er von dem Verderben dieser Christenheit sprach, weinte er oft Tränen des Erbarmens über ihre Blindheit und ihr schreckliches Gericht durch das Fallen in das Reich und die Macht des Antichrists. Ebenso dagegen, wenn er auf die Seligkeit der Überwinder zu sprechen kam, wurde seine Rede die Sprache heiligen, himmlischen Entzückens, das uns unser Zurücksein aufs Schmerzlichste fühlen ließ und das heftigste Verlangen nach solcher Durchdringung vom Geist Gottes erregte. Er hatte wie Oberlin* den hellsten Blick in die Zustände der Seelen nach dem Tode (ohne je somnambul gewesen zu sein). Namentlich sagte er, es sei ein schrecklicher Irrtum, dass man glaube, wenn man nur im Glauben an den Heiland sterbe, so komme man gleich ohne Unterschied zum Anschauen Jesu. Es stehe ja klar in der Schrift, dass man ohne Heiligung, ohne ein gereinigtes Herz, Gott nicht schauen könne. Nur die Überwinder können eingehen in die Stadt Gottes. Darum sei es sehr wichtig, dass wir *hier* los werden von allem Unreinen und Sinnlichen nach Geist, Seele und Leib.

Und je mehr man in diesem Leben vom Wort der Gnade gehört und es nicht zu seinem Heil angewendet habe, umso weiter müsse man drüben zurück, und die Heiden kommen einem (zu)vor. Es gebe zwar sehr viele Grade und Wohnungen im Himmel, aber die Seligen kommen doch nur sehr langsam vorwärts, weil die Gnadenzeit nur hier auf Erden sei. Wer also nicht mit einem rechten Sieg über die Sünde in sich hinüber kom-

---

* Johann Friedrich Oberlin (1740 - 1826). Pfarrer und Sozialpionier aus dem Elsass. – J.F. Oberlin, „Die Bleibstätten der Toten". Hrsg. Alfons Rosenberg. Turm-Verlag, Bietigheim.

me, habe drüben noch zu kämpfen und abzulegen, was er noch Unreines in sich habe. Ach, viele Seelen, die auf der Erde nicht zur rechten Selbsterkenntnis gekommen seien, müssen drüben mit Schrecken entdecken, was sie noch für Sünde in sich gehabt, und sagen: ‚Was! das ist auch in mir gesteckt?' Und dann hebe erst die Not bei ihnen an, eben weil's drüben viel schwerer sei, von etwas loszukommen. Und doch sei es aller abgeschiedenen Seligen eifrigstes Bestreben, zur Stadt Gottes zu gelangen, um den Heiland, der dort in seiner verklärten Menschheit regiere, von Angesicht schauen zu können, was ja erst im verklärten Leibe möglich sei. Darum müsse die Seele vom Heiligen Geist so durchleuchtet werden, dass sie nach dem Sterben die Kraft habe, den Leib an sich zu ziehen, alsdann sei man erst zu seiner Vollendung gelangt. Und die Seligen bestreben sich deswegen mit größtem Eifer, vollendet zu werden, weil sie wissen, dass die Zeit nicht mehr lang sei bis zum Anbruch des tausendjährigen Reiches.

Ebenso kannte er die Zustände derer, die ohne Jesum abgeschieden sind, und machte eine erschreckende Beschreibung von ihnen. Er kannte diese Zustände beiderlei Art darum so genau, weil zahlreiche Abgeschiedene allerlei Grade sich an ihn wandten (wie es bei dem Prälaten Oetinger* der Fall war), die durch sein Gebet

---

* Friedrich Christoph Oetinger (1702 - 1782), einer der großen Denker seiner Zeit; Universalgenie, Arzt, Theologe, „Geisterprediger" und maßgeblicher Vertreter des württembergischen Pietismus. D.Vlg.

und seinen Beistand zum Heiland kommen wollten. In späteren Jahren nahm er sie jedoch nicht mehr an, sondern wies sie immer nur an den Heiland selbst.

Solche Blicke in das Reich der Geister, von dem wir wie er sah und erfuhr überall umgeben sind, eröffnete er aber nur Vertrauten. Im weiteren Kreise, wo solche Dinge anstatt zum Antrieb zur Heiligung nur zum Vorwitz gebraucht wurden, schwieg er davon wie Paulus (2 Kor 12). Alle aber forderte er immer und überall auf, sich von allem loszumachen und losmachen zu lassen, was noch zur Sünde und zur Welt gehöre, und sich recht und ganz dem Heiland zu übergeben, ohne den wir eben gar nichts vermöchten. Und der Heiland sei so treu und mache einen los, wenn's einem recht ernstlich darum zu tun sei und wenn man dem Himmelreich Gewalt antue, es an sich zu ziehen. Da solle man nur recht ernstlich bitten: ‚Erforsche mich, Gott, und erfahre mein Herz.' Er sagte einem alles wie mit Namen: ‚Das muss noch weg, sieh, jenes muss noch weg.' Und wenn ein Wort Gottes einen treffe (ins Herz und Gewissen), da solle man nur bitten, dass der Heiland es einem bewahre und recht kräftig mache, damit es in uns Frucht bringe zum Tode des alten und zur Läuterung des neuen, aus Gott geschaffenen Menschen; denn nur die Überwinder erlangen die Krone, diejenigen, die im gewöhnlichen alltäglichen Leben durch Verleugnen, durch Geduld und durch Liebe das Fleisch kreuzigen und Christum wahrhaft anziehen.

Auch ermahnte er oft, man solle dem Heiland viel mehr

Freude machen; es sei ja so gut bei ihm, wenn man von allem los sei und habe ihn ganz allein und sei getreu bis in den Tod. Er deckte die innersten Tiefen des Herzens und seines eigensüchtigen Wesens auf, aber auch ebenso die Tiefen des Meeres der Gnade, der Macht und Weisheit Gottes, und das mit einer Fülle von Geist und Kraft, mit einer Innigkeit und Liebe und mit einem Ton, so aus der innersten Quelle, dass es eben ganz anders war als bei jedem andern, noch so erleuchteten und gesalbten Christen. Bei diesen allen hörte und vernahm man noch den Menschen, bei ihm aber war's als ein reiner Kanal, durch den uns Gottes lauteres Wesen selbst zufloss. Es war, als hörte man einen Propheten Gottes. Ihm war auch der Blick in die Zukunft geöffnet, nach seiner Einsicht in die Regierung und die Rechte Gottes. Und wenn er den Vertrautesten von der Braut Christi, von den Jungfrauen des Lammes (Offb. 14), oder von den Säulen des Reiches Christi in der jetzigen Zeit, vom Wiederoffenbarwerden der Geistesgaben und Kräfte in denselben und allen seinen Auserwählten und von andern tiefen Geheimnissen sprach, so war's wieder eben nicht anders, als höre man einen Propheten Gottes, der uns das heilige, ewige Wort Gottes aufschließen und dessen Macht uns ans Herz legen soll.

Er selbst war verwundert, als nach der langen Verborgenheit mit einem Male ihm gleichsam der Mund geöffnet wurde, in den Versammlungen zu reden (eben bei dem ersten Besuch in Brackenheim); es sei ihm gewesen, als sei ihm zugerufen worden: ‚Jetzt brich hervor, du Schwert des Herrn und Gideon!' Und seine Reden flössen ihm alle zu; es sei, wie wenn's auf einer Tafel vor ihm mit goldener Schrift stände, dass er's nur ablesen dürfe. Aber der Heiland nehme es auch da genau: was nicht von Ihm komme, gelte auch nicht und habe keine Frucht; habe er etwas aus dem Eigenen geredet, so habe ihm der Heiland das zurückgegeben.

So lebte er ganz in Jesu und aus ihm. Was ihm vorkam, bezog er aufs Himmlische. Sah er z.B. etwas von der Herrlichkeit der Großen dieser Welt, so wandte er es sogleich auf die Herrlichkeit im Reiche Jesu an. Einmal wurde er von meiner Schwester (die Kammerfrau einer Tochter der 1819 verstorbenen Königin Katharina von Württemberg war) im Schloss in Stuttgart umhergeführt, und als er in den Thronsaal kam, stand er eine Weile vor dem Thron still. Dann strömte eine Rede von seinen Lippen über die Herrlichkeit von Jesu Thron, die ihn so tief bewegte, dass er unter Tränen wie verklärt dastand. Diese Durchdringung und Erfüllung mit dem Geiste Jesu – im ganzen Leben wie in der Wortverkündung dieses Mannes Gottes erkennbar – war denn auch den Seelen sehr zum Segen, die ein völliges, wahres Eigentum ihres Jesu zu werden verlangten und sich als arm im Geiste wussten. Und die Ewigkeit wird's klar machen (zeigen), was für ein Heil einzelne Seelen durch ihn empfingen, indem ihnen erst durch ihn aufging, was der Herr Jesus uns ist und was der Mensch durch Ihn erlangen kann.

Aber ebenso wurde er auch andern Seelen ein Geruch des Todes zum Tode, besonders solchen, die etwas sein wollten im Geistlichen, namentlich Stundenhaltern (christl. Versammlungsleitern) und gläubigen Pfarrern. Es ergingen die lügenhaftesten Gerüchte über ihn; sie wurden geglaubt und er damit verdächtigt, mochten sie auch noch so ungereimt sein. Aber gerade da offenbarte sich die Herrlichkeit seines Jesuslebens: Voll Milde, Schonung und Erbarmen war er gegen seine Verleumder. Wir erlebten persönliche Angriffe auf ihn von berühmten Gläubigen, Geistlichen und Nichtpfarrern, als ob er ein fluchwürdiger Verführer und sie Diener der päpstlichen Inquisition wären; er aber blieb im Frieden Gottes und bezeugte sich als ein echter Nachfolger seines Jesu. Uns aber war es sehr schwer, gelassen zu bleiben und für die verblendeten Feinde der Wahrheit, die wider Gott streitend auf ihn losstürmten, zu beten. Ihm aber, der ein auf Gott gerichtetes Leben führte und als wahrer Jünger Jesu sich erwies, wurde auch das zu neuer Gotteskraft wie alle seine Leiden.

Er hatte von Kind auf eine große, sozusagen naive Ehrfurcht vor dem Pfarramt, aber diese Feindschaft der Pfarrer gegen das Wort der Wahrheit überzeugte ihn von dem wahren Wesen so mancher selbstgemachter ‚Diener Christi‘, sodass er nach und nach ein wahres Grauen vor manchem bekam.

Und dass die ganze Christenheit dem Gericht anheimfalle, anstatt der von ihren falschen Propheten, den ‚Friedens-Propheten‘, ihr geweissagten herrlichen Vollendung (auf der breiten Straße) entgegenzugehen, war ihm ganz klar und erfüllte ihn oft mit tiefer Betrübnis. Man kann eigentlich nicht in Worten darstellen, was für ein mächtiger himmlischer Geist in ihm war; und noch mehr, als an ihm (an Schwächen) offenbar wurde, verleugnete er sich und entäußerte sich desselben. Alles war wie ein reiner Guss aus der Lebensmacht Christi und besonders aus seiner Liebe. Es war keine angelernte und lehrhafte Verstandes-Erkenntnis, die er besaß, sondern unmittelbares, durch Geistesmitteilung überkommenes Wissen. Von sich aus wusste er nichts, wie er auch nichts aus sich selbst, sondern alles aus Jesu war. So handelte er auch nie aus sich, er machte keinen Ausgang aus eigenem Willen, keinen Besuch aus eigener Überlegung, sondern er war so mit Jesu verbunden, dass er sich von Seinen Augen leiten ließ und bei allem Seine Stimme hörte, oder dass die Liebe ihn also drängte. Er führte auch nie etwas selbst herbei, sondern es musste so werden, dass es sich also begab. – So war sein Leben ein wohlgeordneter Fluss aus dem Lebensstrome Jesu, der allen wieder zum Leben war, die den Segen davon annahmen. – Ebenso war es auch in seinen häufigen Krankheiten. (Besonders litt er an Brustkrampf und Brustentzündungen.) Da litt er auch in den heftigsten Schmerzen wie ein Lamm, und sobald die Schmerzen nachließen, war sein Blick, anstatt Mitleid erwartend, strahlend von Freundlichkeit und wie Liebe ausgießend; und besonders erfuhr er da Jesum als den Todesüberwinder in großen inneren Erfahrungen. Immerwährend war er nicht nur auf den Tod vorbereitet, sondern er freute sich jeden Abend, dass er wieder um einen Tag dem herrlichen Ziele näher gekommen war; denn obgleich er sich zu den Allergeringsten der Angehörigen Jesu zählte, wusste er doch gewiss, dass er zu seinem Heiland komme, wenn er nicht dessen nahe Wiederkunft erleben werde." –

Bei einem Besuch, den er auf Einladung des ihn hoch schätzenden Majors a. D. Freiherrn Karl von Göler-Ravensburg in Heidelberg machte, wurde Johannes Gommel vom Typhus ergriffen und ist am 21. Dezember 1841, den er als seinen Todestag vorausverkündigt hatte, mit 30 Jahren von seinem schweren Leiden erlöst worden. Sein Herzensfreund, Pfarrer Schwarz, der bei seinem Sterben anwesend war, berichtete: *„Unter Gebet war der Geist heimgegangen und hinein zu seines Herrn Freude. In diesem Augenblick war es uns, denen dieser Verlust so schmerzlich war, so unaussprechlich wohl, als ob wir laut Halleluja singen sollten und von unsichtbaren seligen Wesen umgeben wären. Wir konnten nicht anders, als den Ewigliebenden loben und preisen."*

Pfarrer Schwarz schließt die von ihm verfasste Lebensbeschreibung Johannes Gommels mit dem Worten: „Ja, es war uns und ist uns, allen seinen Vertrauten, heute noch ein großer Verlust; denn *so* haben wir alle seither keinen Menschen mehr gefunden. Bei allen noch so geförderten Christen, die wir kennen, kann man nicht vergessen, dass sie Adamskinder sind, aber hier war eine neue Kreatur; hier war, was der Apostel von sich sagen konnte (1 Kor 11,1; Phil 3,17), was er aber – der ja kein Apostel war und viel zu gering von sich dachte – nicht sagte: ein Bild Dessen, der uns zum alleinigen Urbild und vollendeten Vorbild gegeben ist. Und *was er lehrte*, eine solche neue Geburt aus Jesu, das *war* er. Darum lassen wir uns seine Lehre auch nicht wegstreiten, es mag da kommen, wer will, und einen Namen haben, welchen er will. Entweder ist er auch so vom Geist Gottes erfüllt, dann wird er unserem Johannes nicht widersprechen, oder ist er's nicht in dem Grade, dann ist er uns keine Lehr-Autorität wider ihn. Hier haben wir gesehen mit unseren Augen und gehört mit unseren Ohren die Macht des Lebens Christi. Und der Herr sagt selbst: ‚An ihren Früchten sollt ihr sie erkennen'. Und da Jesus ihm alles war, und er alles, was er lehrte, uns in der Schrift zeigte, und der von Jesu seinen rechten Jüngern verheißene Lebensstrom und das ihnen verheißene rechte Freigewordensein da war, und er stets im Geist und im Licht wandelte, so bleibt uns seine Lehre unerschütterlich fest, nämlich was er selbst war: Dass durch langes in Gebet, Gehorsam und Treue geübtes Anhangen an Jesu der Mensch hier auf Erden dahin gelangen kann, dass er sich so völlig selbst beherrscht, dass jede Versuchung zu einer Sünde durch die Kraft des Lebens Christi in ihm sogleich angegriffen und überwunden wird, dass man an Christo bleibt, dem Feind widersteht, das Feld behält und alles wohl ausrichtet und also den Willen Gottes in Wahrheit tut und, soviel Menschen sehen können, nicht mehr sündigt (1 Joh 3,3), sondern dass man in das Bild Jesu umgewandelt eine Gestalt von Ihm geworden ist. Und dass das allein der Weg zur wahren und völligen Seligkeit, dass das die wahrhafte Wiedergeburt, das wahre Christentum ist nach der Schrift."

Nach den von Joseph Hahn gesammelten Zeugnissen über Johannes Gommel in der kleinen Schrift: *„Der Geisterhannesle"*. 10. Auflage, Turm-Verlag, 74321 Bietigheim-Bissingen.

So viel man mit Gott und Jesu verbunden ist, so viel kann man auch geistvoll reden.

Immanuel Gottlieb Kolb.

1

Bleibet bei dem einfachen, alten treuen Wort Gottes, das allein selig macht und so viele köstliche Perlen enthält, die ihr noch gar nicht darin gefunden habt. Suchet, und ihr werdet finden. Ja lernet aus dem heiligen Bibelbuch, und ehe ihr leset, betet, dann wird euch aufgeschlossen die Lichtquelle, aus welcher diese köstlichen Perlen hervorsprudeln. Das Wort Gottes wird in dieser letzten Zeit immer mehr begraben werden, das heißt: viele werden es gar nicht mehr lesen, ja selbst die Christen nur saumselig; denn vielen ist es zu einfach, sie hören lieber schöne Worte der Menschen, die mit leeren Gedanken geziert sind. Ach wie töricht, das Heiligste gering achten! Kommet zu der Lebensquelle, kommet, trinket, und esset von dem köstlichen Manna, von der Himmelsspeise; nehmet von der Kraft, die daraus hervorgeht, und ihr werdet mit großer Freudigkeit der Heimat entgegengehen können. Der Herr will mit euch sein. Darum sprechet: Christus unser Trost, Christus unsere Hilfe, Christus unser Licht und unser Leben!

2

O suchet nicht nach Gütern dieser Zeit, sondern nach den ewigen Gütern, nach dem himmlischen Kleinod, das kein Mensch uns rauben kann und wegstreiten. Wenn einmal der König aller Könige spricht: „Ich habe dies Meiner Tochter oder Meinem Sohn zum Erbteil gegeben", würde da eine Seele den Mut haben, etwas dagegen zu sagen? Darum seid getrost und unverzagt, der Herr ist Richter und der Herr ist der, welcher das Erbteil auszuteilen hat; gerecht ist der Herr und kein Jota geht von seinem Wort. Bedenket dies allezeit, genau und pünktlich wird's erfüllt, ist's nicht hier, so ist's ganz gewiss dort, wo alle Verheißungen in Erfüllung gehen. Ihr kurzsichtigen Menschen, ihr sehet immer nur auf diese Zeit und nehmet auch das Wort nur für diese Zeit und sprechet oft: „Warum lässt der Herr dieses oder jenes so lange geschehen?", und bedenket nicht, dass jenes Leben eine Fortsetzung von diesem Leben ist, und dass die Verheißungen in alle Ewigkeit hinausgehen, aber auch die Worte des Gerichts.

3

Bittet, dass immer fester in euch werde die Gewissheit des ewigen Lebens, dass ihr sagen könnet: „Ich bin gewiss, dass der Herr mir meine Beilage bewahren wird; ich weiß gewiss, dass mein Erbteil festgestellt ist." Es muss dem Kinde Gottes so werden, hier schon im Glaubenslande, dass es seiner ewigen Heimat so gewiss ist, als derjenigen, welche es einst verlassen muss. Ihr seht, dass ihr hier seid, und so muss es für jenes Leben in euch werden, dass ihr euch schon dort wandeln seht. Es kann euch nur verdunkelt werden, wenn ihr sündiget. Darum frisch hinan, es gilt etwas Herrliches zu erringen, es gilt die Königskrone zu empfangen, es gilt ein Erbteil zu bekommen, das kein Mensch auf Erden je empfangen hat. Und wenn eines die ganze Welt sein eigen nennen dürfte, wäre es nichts im Vergleich mit dem, was der Herr seinen treuen Kindern aufbehalten hat.

Kein Mensch, kein Ding auf dieser Erden
sei mir ein Aufenthalt zum Ziel,
ich will, ich muss entschieden werden,
mein Erbteil steht jetzt auf dem Spiel!
O hilf mir, Herr, du kannst's allein,
lass still und ernst und treu mich sein!

4

„Seid nüchtern und wachet; denn euer Widersacher, der Teufel, geht umher wie ein brüllender Löwe und suchet, welchen er verschlinge." Er hat einen großen Zorn und Neid, weil er weiß, welch herrliches Erbteil ein Gotteskind einmal bekommt; denn er selbst hat ja dieses Erbteil verscherzt, darum freut er sich ungemein, wenn er einem Kinde Gottes wenigstens seine Krone rauben kann und sein herrlich geschmücktes Gewand. Er weiß, wenn das Kind nicht geduldig aushält in den Widerwärtigkeiten des Lebens, geht ihm jedes Mal ein Stein seiner Krone verloren oder ein Schmuck an seinem Gewande. Lässt es sich hineinbringen in die Lüste des Fleisches, sie mögen heißen wie sie wollen, so wird dem Gotteskind wieder etwas von der Herrlichkeit entzogen, und er hält darüber ein Fest mit seinen höllischen Freunden. Die Seligkeit kann er dem Kinde Gottes, das sich immer wieder in die Gnade hineinversenkt, nicht rauben, aber die Herrlichkeit, wenn es sich oft durch Unachtsamkeit überwinden lässt durch Feindeslist.

5

Betet gleich beim ersten Morgenstrahl: „Herr, schenke mir auch heute die rechte Wachsamkeit, dass ich in allen Anfechtungen des Tages nicht unterliege. Schenke mir Kraft, dass ich mein Schwert sicher schwinge und meine Augen erhebe zu Dir, wenn mir Gefahr droht." Ein Kind Gottes soll sich niemals sicher wähnen, denn es steht auf dieser Erde stets im Kampfe, es soll nicht sagen: Ich weiß gewiss, dass ich nicht falle. So haben schon manche gesprochen und sind, ehe sie sich's versehen haben, auf dem Boden gelegen. Du sollst dir nicht selbst trauen, sondern auf die Gnade Gottes und daran gedenken, dass du allezeit bereit wärest, dem Feind in die Schlinge zu fallen. Nur ein kindliches Vertrauen auf den Herrn kann euch retten, ein im Glauben sich festhalten an den Herrn, kann euch jedes Mal, wenn ihr in etwas hineingekommen seid, herausreißen; aber gedenket auch an das, dass ihr dabei stets zu wachen habt. Es ist dies freilich kein Leben des Genusses, man hat da den ganzen Tag zu verleugnen, es geht gegen die alte Natur, die neue ist vereinigt mit dem Sinn des Herrn.

6

Es gibt für den Christen hier schon Stunden, wo er fühlt, dass sein Herr und Meister bei ihm ist und in denen er Seligkeit und Wonne empfindet; aber dort, wenn alles überwunden und man Ihm gleich geworden ist im reinen Wesen, ist erst die vollkommene Seligkeit. Nur die Unreinigkeit, das Ungöttliche an euch bringt euren Seelen so oft Unfrieden und Unruhe. Wenn ihr euch so oft von den Geistern der Widerwärtigkeit hinreißen lasset, da entziehet ihr euch so manches Mal eurem Heiland, welcher sich einem jeden immer nahen möchte. Übergebet eure Seelen aufs Neue dem Heiligsten und bittet Ihn, dass Er euch tüchtig mache, einst zu Seinen Füßen niederzusinken und sie zu umfassen, dass ihr Seine Hände ergreifen könnet, an welchen heute noch die Zeichen der göttlichen Liebe prangen, und an Seiner Seite ruhen dürfet, aus welcher Lebensströme fließen. Dort hinein in das treue Jesusherz fliehet, wenn Feindesmacht sich euch nahet, dann seid ihr sicher geborgen.

7

Die Menschen ahnen nicht, wie nahe ihnen die Geisterwelt ist, wie viel Einfluss die Geister auf sie haben, gute und böse. Wer spricht: „Die Verstorbenen wissen nichts von uns", der hat gar keinen Begriff von der anderen Welt. Sie wissen vieles! Und wenn sie nicht selbst um die Menschen sein können, so erkundigen sie sich bei den Engeln nach den Zurückgebliebenen. Immerdar besteht eine Verbindung, die Liebe hört nicht auf, aber auch der Hass oft lange nicht von den Bösen. Viele Menschen gehen mit Hass wider den Nächsten in die Ewigkeit. Sie wirken nach dem Tode auf jene Seele ein und möchten ihr viel Übles tun, wenn sie nicht zurückgehalten würden von den Engeln. Bei vielen Menschen wird das erst in der Ewigkeit ausgemacht, was sie hätten hier tun sollen: Einander vergeben und das Vergangene vergessen. Da warten viele schon am Sterbebette, um Rache zu nehmen. Darum betet, dass niemand etwas wider euch haben möge, wenn auch in geringerem Grade, aufdass man euch nichts anhaben kann auf dem Gang durchs Tal des Todes.

8

Hier soll alles durchgerichtet werden, wenn man drüben fertig sein will und ungehindert durchs Tal des Todes gehen. Es sind oft ganz geringe Sachen, welche ein Mensch dem andern nachträgt oft bis in die Ewigkeit hinein. Sie können nicht hinwegkommen über das, was sie jetzt gerade wider den Nächsten haben. Lasset niemals die Sonne untergehen, wenn ihr denkt, es habe jemand etwas wider euch; gehet hin und versöhnet euch mit demselben. Es gibt freilich oft Dinge, man weiß es nicht einmal, dass ein anderes etwas wider einen hat. In diesem Falle bist du außer Schuld. Bete jeden Abend: „Herr, vergib mir, wenn ich jemand beleidigt habe.

Streiche aus meine Schuld, wenn eines oder das andere mich zu tadeln hätte und durch mich im Herzen verletzt worden wäre." – Es gibt aber auch Seelen, welche besonders dazu geneigt sind, die Zwietracht im Herzen festzuhalten. Solche mögen beten, dass sie sich nicht an allem ärgern und sich nicht immer aufhalten am Nächsten, sondern in ihr eigenes Herz schauen lernen, wie vieles da drinnen verborgen ist, das auch sie noch vom Himmel fernhält.

9

Bete so lange am Abend, bis du in deinem Herzen fühlst, dass du frei geworden bist von dem Bande des Hasses; denn es ist eben Hass, auch wenn du in geringem Grade etwas gegen deinen Nächsten trägst, man kann es nicht anders nennen. O nur nichts in sich behalten von diesem Höllengift! Das hat schon viele Seelen Hunderte von Jahren nicht hineingelassen ins selige Friedensreich.

Nehmet nicht alles von einander übel auf. Da hat der Feind schon gewonnenes Spiel, wenn du nur einen solchen Gedanken in dein Herz aufnimmst. Im nächsten Augenblick macht dein Nächster jenen Fehler noch einmal so groß in deinen Augen. Und hegst du noch länger den Gedanken, so wird er in einem Tage so groß, dass der Hass in deinem Herzen aufsteigt. Darum hinweg mit dem ersten Gedanken gegen deinen Nächsten! Kämpfe und lasse solche Gedanken nicht in dir aufkommen, sonst wirst du bis in die Ewigkeit hinüber nicht fertig; denn täglich kommen ja Ärgernisse vor, und würdest du nicht alles von dir weisen, so könntest du niemals fertig werden.

10

Leibliche Nöte sind niemals so groß wie die Not, wenn der Herr einst einen nicht brauchen kann in seinem Reich. Da stehen die Seelen und jammern, klagen und heulen, denn die Türe ist vor ihnen verschlossen. Sie haben in dieser Zeit nur gesorgt fürs Leibliche, aber nicht daran gedacht, dass sie frei werden sollten von allen ihren Leidenschaften und Eigenheiten. Die Menschen möchten nur immer für diese Zeit Güter sammeln und sorgen, dass sie es gut haben; aber das Himmlische verlieren sie dabei, es ist ihnen nicht so wichtig, sie möchten lieber hier Genuss und nichts, gar nichts entbehren, und wissen nicht, was es ist, wenn man so wenig an das denkt, für das Heil der Seele zu sorgen. Geht nicht alles in dieser Zeit an dir vorüber, Freud und Leid? Nimmt nicht alles ein Ende? Und du willst dich festhalten an den zeitlichen Gütern und irdischen Freuden? Du weinst und klagst, wenn dir's nicht nach Wunsch geht, und alles, alles zerrinnt dir doch unter den Händen. Ein Tag um den andern geht dahin und wird abgezogen von deiner Lebenszeit und dennoch hältst du dich fest an dem, was in dieser Zeit ist.

11

Verträumet nicht so viel Zeit mit dem, was auf Erden ist, dass ihr sorget hinaus zu kommen; sorget vielmehr für das, dass ihr eurem Heiland doch im täglichen Leben gefallen möget. Dort in eurem Beruf (eurer Aufgabe) dort sieht der Heiland, ob ihr treue Nachfolger seid und solche, die schaffen ihr Heil; dort hinein blickt der Herr mit seinen heiligen Liebesaugen und sieht, ob ihr treu seid auch im Geringsten und ob ihr eure Gaben für Ihn verwendet. Was hülfe es, wenn ihr alle Güter dieser Zeit hättet und wann das Tor der Ewigkeit sich öffnet, ihr weichen müsstet von den Augen des Herrn? Wäre das nicht viel schrecklicher als hier nichts zu besitzen? O möchtet ihr doch dafür sorgen, dass ihr drüben etwas habt, drüben eine Heimat, dort Güter, die nicht veralten, dort Kleider der Gerechtigkeit. Wenn du auch hier nur ein Kleidlein hättest, aber Frieden in deinem Herzen, du wärest reicher und glücklicher als eines, das die ganze Welt besäße und keinen Heiland hätte. Frieden mit Gott muss man haben, dann ist man glücklich, dann ist man vergnügt, auch wenn man arm ist und gar nichts besitzt.

12

Die meisten Christen, die den Herrn mit dem Munde bekennen, leben in dieser Zeit, als hätten sie ewiglich hier zu leben; sie suchen nach Geld und Gut, ringen nach Ehre und wollen es mit der Welt halten, damit sie stets geachtet sein möchten. Wer darauf baut, von Menschen geehrt zu sein, der möge sehen, ob er einst auch dem Herrn Jesu gefällt. O werdet doch Christen, welche man dort brauchen kann und denen dies allein vor Augen steht: die Seele zu retten, ihr Heil zu schaffen und die Welt mit ihren Lüsten, mit ihren Sorgen und Mühen zu verlassen. Suchet im täglichen Leben dem Herrn Treue zu beweisen, da will Er gepriesen sein. Wenn du dich demütigen kannst; wenn du dir harte Reden sagen lassen kannst, ohne es übel aufzunehmen; wenn du in Geduld verharrst gegen deinen Mitmenschen, welcher dich übt vom Morgen bis zum Abend; wenn du das, was du hast, teilst mit dem, welchen der Herr dir schickt; wenn du betest für den Nächsten, auch wenn er dich beleidigt hat; wenn du täglich vergeben kannst: das will dein Heiland von dir.

13

O kommet zu dem Liebreichen, kommet zu Dem, welcher geduldig ist und langmütig, wenn ihr Ihn noch so oft beleidigt; kommet zu dem Weisen, der Rat hat für alles, der alles wunderbar hinausführt, wenn auch oft durch tiefes, tiefes Dunkel. Kommet zu dem mächtigen Herrn, ohne welchen nichts geschehen kann und der die Seinigen behütet und bewahrt, zu dem Herrn, der, wenn Er auch zur Läuterung etwas über Seine Kinder kommen lässt, dennoch das rechte Maß und Ziel weiß; welcher nicht hört auf Verleumdungen der Menschen, sondern das Herz ansieht und bis in den tiefsten innersten Grund hineinblickt. Wer kann noch zagen, wenn er Jesum hat? Sprechet doch in allen Nöten: Herr, Du bist mein Fels, meine Burg, ich verlasse mich auf Dich, Du bist mein Retter in den Nöten des Lebens! Sprechet, wenn ihr gefehlt habt: Schaffe in mir, o Gott, ein reines Herz und gib mir einen neuen gewissen Geist, reinige mich durch und durch und heilige mich, auf dass ich Dich einst schauen kann!

14

Viele, viele, welche hier unter dem Christenhaufen gelaufen sind, stehen dort und haben keine Heimat; sie finden die Türe verschlossen, denn sie haben den Herrn Jesum nur mit dem Munde bekannt, haben nicht getan, was der Herr von ihnen forderte. Sie fanden das Wort des Ewigen nicht für sie passend, so wie es der Herr gemeint hat. Sie verleugneten nicht die Lüste des Lebens, sie schickten den armen Heimatlosen von der Türe, sie hatten keine Barmherzigkeit, ihr Herz war verschlossen für das ewige Licht, es konnte nicht hineindringen. So kamen sie an die Pforte der Ewigkeit und der Herr sprach: „Ich habe dich noch nie erkannt." O glaubet, dass es viele so gibt, viele von den angesehenen Christen dieser Zeit, die vor dem Herrn nicht angesehen waren. Lasset euch noch ein wenig Schmach und Schande gefallen, tut, was euch der Herr aufgetragen hat, ohne darauf zu sehen, wie die Menschen von euch sagen, und freuet euch, wenn ihr um des Namens Jesu willen etwas leiden dürfet.

15

Ringet doch, dass ihr frei werdet hauptsächlich vom Verurteilen der Menschen! Statt zu klagen, betet! Ringet danach, dass ihr frei werdet von dem, die Menschen oft so schnell zu verurteilen. Ein Gotteskind soll stets auf sich selbst sehen, wie viel der Herr an ihm tragen muss, wie viel Er Mühe hat, das böse verdorbene Herz zu reinigen und frei zu machen von den Lüsten und Begierden, und wie viel Er Mühe hat, die Wurzeln der Sünde auszurotten. Man braucht in nichts hineingekommen zu sein, in einen besonderen äußeren Fehler: die Wurzeln der Sünde stecken in allen Menschenherzen, nur sind sie oft nicht angeregt worden von außen. Darum: Wer da steht, der sehe zu, dass er nicht falle und lasse das Richten bleiben. O verwerfet niemand, der in etwas hineingekommen ist! Wie viele tun dasselbe im Herzen und in Gedanken; sie würden das Gleiche tun, wenn sie Gelegenheit dazu hätten oder wenn sie nicht vor den Menschen scheinen wollten. Solche Seelen müssen sich oft drüben vor jenen beugen, welche sie einst verurteilt haben.

16

Strebet nach dem höchsten Gut, der heiligen Liebe! Und wenn ihr diese Liebe so recht im Herzen traget, so werdet ihr auch niemandem unrecht tun; denn die Liebe trägt alles, sie glaubt alles, sie hofft alles, sie duldet alles; die Liebe hört nimmer auf. Alles, was ihr auf Erden habt, müsst ihr verlassen; aber die Liebe, das größte Gut, sie geht mit hinüber und wird sich drüben immer noch mehr vervollkommnen. Wer dem Herrn Jesu nachfolgt, der wird stets auf Seine Langmut, auf Seine Geduld schauen. Wie ist Er so langmütig mit den Menschenkindern, wie trägt Er sie auf den Armen der Liebe! Wie geduldig wartet Er, bis das Menschenkind auf Seine Stimme hört. Sollte da nicht ein Kind Gottes in diesen Stücken wachsen wollen und zunehmen, auf dass es dem Meister ähnlich werde? Wer redlich ist, der wird es auch so weit bringen und wird wachsen in der Geduld, in der Demut, in der Liebe. O strebet nach der Liebe, nach dem höchsten Gut, welches euch anweist, stets zu handeln nach den Geboten des Herrn.

17

Wer nicht vollendet ist, kommt ins Zwischenreich, und das Zwischenreich ist nicht eure Heimat, sondern das heilige Lichtreich, die heilige Gottesstadt.
Es ist fast nicht zu begreifen, wie die Christen dieser Tage sind. Wo kommen sie hin? So wenige hinein in die ewige Heimat, denn sie wollen nicht den tiefen Verleugnungsweg gehen, den der Herr ihnen vorangegangen ist. Berühmte Fromme befinden sich im Zwischenreich und in den Orten der Reinigung, statt vor dem

Throne Gottes, wohin sie von den Menschen erhoben wurden. O trachtet nach dem, was droben ist! Suchet den Herrn Jesum, dann wird euch auch das Irdische, das ihr nötig brauchet, zufallen, und mehr soll ein Christenkind nicht wollen. Betet doch recht, dass ihr euch schicken könnet in die Zeit, schicken in eure Verhältnisse, wie sie auch kommen mögen. Ach, werdet zufrieden! Es ist die „letzte" Stunde. Lasset eure Augen nicht dorthin schauen, wo die Finsternis herrscht, sondern hinauf zum Ewigen Licht, zu der unendlichen Quelle, zu dem Herrn Jesu!

18

Die Eurigen freuen sich, bis ihr kommet; sie wissen aber auch, dass das Blut Jesu noch vieles zudecken muss, weil ihr so oft wieder in euer altes Wesen hineinkommt. „Hindurch und hinein!", rufen sie euch zu, die euch lieb haben. Sie wünschen, dass auch ihr gleich nach dem Hinscheiden hindurch könnt durch alles. O machet euch los! Denn wenn man nicht frei ist, so kommen die Geister und halten einen überall auf. Wenn die Sehnsucht auch hinauf ginge, aber man ist noch nicht frei geworden von allem, so halten sie einen fest und sagen: „Du gehörst auch zu uns, von diesem und jenem bist du noch nicht frei." (Offb 2,11) Manche versuchen es auch mit freundlichen Mienen. Ist die Seele noch nicht los, so zieht sie es unwillkürlich zu jenen Geistern hin und sie muss zurückbleiben und es steht oft lange an, bis sie wieder den Flug nach oben hat.

Ach, wer möchte nach den Leiden,
nach den Kämpfen dieser Zeit,
mit dem andern Tode streiten,
statt zu ruhn in Ewigkeit?
Jesu, mach uns frei auf Erden,
hilf uns Überwinder werden!

19

Wenn eine Seele auch dem Herrn dient, ja, wenn sie schon auf dem Wege ist, die Erstlingsschaft zu erreichen, so hört der Feind doch nicht auf und gibt die Hoffnung nicht auf, diese Seele zu gewinnen. Und wenn er ihr nur die Erstlingsschaft rauben kann, ist er zufrieden; denn er gönnt sie dem Menschenkind nicht und will dem Fürsten des Lebens entgegentreten solange er kann, und möchte Ihm die Macht nehmen. Er wendet deshalb alles an und er sieht auch, dass die meisten der Hölle zu wollen, und das freut ihn ungemein. Er sieht, wie die Kinder Gottes so träge sind, er bemerkt in ihnen, dass sie denken: „Es ist noch lange Zeit, ich kann mich immer noch bekehren und ernster werden." Er geht durch die Reihen der Versammlungen und stachelt die Herzen der Kinder Gottes auf gegeneinander, er legt böse Gedanken in sie, er gibt ihnen ein, dass diese oder jene es nicht gut meinen, dass diese oder jene sie zurücksetzen. O dies alles ist vom Feind, und dem sollte man nicht Gehör schenken und sollte viel mehr beten, dann würde einem nicht alles so arg vorkommen.

20

Kein Sterblicher vermag es zu fassen, was Gott bereitet hat denen, die mit Ihm den Kreuzesweg gegangen sind! Ihr könntet es nicht tragen, wenn ihr es nur von ferne sehen würdet. Lasset euch noch ein wenig hinuntertun (demütigen) und leiten durch die Gnade Jesu; es ist gewiss eine herrliche Leitung, für welche ihr dort danket in alle Ewigkeit. Hindurch und hinein! Denn mit Jesu muss es gehen. Nur dem Verzagten, dem, der die Hände sinken lässt, kann Er nicht helfen, weil er die Rechte des Herrn nicht erfasst im Glauben, die allein imstande ist, das Menschenkind zu halten. Haltet doch ein wenig und gerne aus, ihr könnet noch lange genug in Freude und Wonne dort leben. Die Freuden hören dort nicht auf, sie werden auch nicht getrübt durch böse Menschen oder Feindesmacht. Immer wieder etwas Neues gibt der Herr Seinem treuen Kinde, das ausgehalten hat in dem Tiegel der Leiden. Kein Tränlein, das es hier geweint hat, ist verloren gegangen, sondern wird dort als Perle eingefügt zur Vollendung des Schmuckes.

21

Was wird's einmal sein, wenn ihr ausgekämpft habt, wenn alles Leid verschwunden und eure Trauer in Freude verkehrt ist; wenn ihr schauen werdet, was ihr hier geglaubt habt: den Herrn in Seiner Herrlichkeit und Seine teuer Erlösten, die durch Sein Verdienst gerecht gemacht sind! Wenn ihr sie sehen werdet verklärt im Heiligtum stehen, die einst auch in Unvollkommenheit wandelten, wenn ihr empfangen werdet die Güter des Hauses Gottes; wenn ihr antreten dürft das himmlische Erbe, das euch bereitet ist. Da werdet ihr dann ausrufen: „Herr, Deine Güte ist unaussprechlich und Deine Barmherzigkeit hat kein Ende!" Voll Dank werdet ihr die Führung Gottes erkennen und sagen müssen: „Herr, Du hast alles wohl gemacht und uns herrlich geführt! Alles, was Du in unsern Lauf hinein verordnet hast, musste uns zum Besten dienen; alles, was Du zuließest zu unserer Demütigung, brachte uns näher zum Ziel!" Darum haltet aus in der Stille und Demut, da wo der Herr euch hingestellt hat, und suchet nicht hinwegzugehen, sondern wartet gerne, was der Herr mit euch vorhat.

22

Es wird nicht besser, bis der Herr kommt, bis Er hereinbricht, die Seinigen zu sich nimmt und die Feinde zerstört. Denn solange der Feind da ist, so lange ist keine Ruhe; wenn aber der Herr mit Seinen Heiligen kommt, wird Er des Feindes Macht zerstören und auf Erden wird Friede sein und Ruhe. Die, welche auf Erden bleiben, werden in Sicherheit wohnen, kein Krieg wird mehr sein, sondern man wird überall in Frieden zusammen leben. Es wird die Verheißung in Erfüllung gehen, dass das Lamm weidet mit den Wölfen (Jes 65, 25), man wird aus den Schwertern Pflugscharen machen (Jes 2,4). Auf diese Zeit freute sich das Volk Israel vom Alten Bund; das Israel des Neuen Bundes soll sich freuen auf die Hochzeit des Lammes. Es soll die Kleider bereiten und sie helle machen lassen, es soll sich zurichten lassen auf den Tag, wo der Herr die Seinigen zu sich nehmen will und in ewiger Wonne mit ihnen leben. Auf Erden ist es ja wohl schön zu jener Zeit; aber wer teilhaben darf an der Hochzeit des Lammes, der wird noch viel Herrlicheres erfahren.

23

Wie viel versäumt man, wie viele Stunden sind verloren, wie viel könnte man, wenn man alle Augenblicke zurate hielte, erreichen! Die Gnadenzeit ist köstlich, und die Menschenkinder verlieren so viel davon. Wendet doch das an, was ihr habt! – denn kurz ist die Zeit und die Ewigkeit lang, die Freude unaussprechlich; aber auch die Leiden und Strafen fürchterlich für den, welcher nicht folgt in dieser Welt. Ihr klaget, wenn es euch nicht nach Wunsch geht; aber wenn ihr die Ewigkeitszüchtigungen sehen würdet, würdet ihr gerne noch tausend Jahre zurückgehen auf die Erde, um das mit Freuden auf euch zu nehmen, mit was der Herr euch hier ziehen will. Verstehet es endlich doch und lernet es, und werdet geduldig in der Trübsal und lasset euch jetzt ziehen durch die Hand des Herrn. Und wenn es auch durch scharfe Wasser geht und durch heiße Tiegel der Läuterung, es muss ja geschehen, wenn ihr jene Herrlichkeit erreichen wollet. Je näher man dem Herrn kommt, desto heißer sind die Tiegel, desto tiefer sind die Wege.

24

Wenn man nicht kämpft gegen seine Leidenschaften, so fassen sie immer tiefere Wurzeln, und diese Wurzeln dringen ein in die Seele, in das innerste Wesen. Denn die Sünde wohnt in der Seele und mit dem Tode der irdischen Hülle legt man die Sünde nicht ab, sondern man nimmt das, was man in sich trägt, mit hinüber, wenn's nicht völlig ausgerottet ist durch die Gnade unseres Gottes. Aber wie kann's der Herr ausrotten, wenn der Mensch nicht will? Wie kann Er dich reinigen, wenn du dich nicht dazu hergibst und aus dem tiefsten, innersten Herzensgrunde sprichst: „Herr, ich will rein werden, befreie Du mich selbst!" Wenn du dich dann dem Todesüberwinder im Glauben hingibst mit einem ganz entschiedenen Willen, so wird Er alles in dir schaffen und du wirst frei von der Macht des Todes und im Lichte sein, wenn deine Hülle fällt. Der Herr, welcher die Hölle in dir bezwungen hat, wird dich einführen in sein herrliches Reich, auf dass du dort ewiglich lebst mit denen, die vor dir gekämpft und gesiegt haben durch des Lammes Blut.

25

Viele sprechen: „Ich glaube an Jesus", aber was ist's, wenn du mit dem Munde bekennst und dein Herz ist ferne davon? So kann sich ja der wahre Glaube nicht in dein Herz legen, mit welchem du alles tun kannst und alles lassen. Der Glaube ist eine Kraft des Himmels, die Kraft vom Throne, welche in die Herzen fließt, die Kraft, die in Strömen herniederkommt auf die Seele, die ausruft: „Herr, ich glaube, hilf meinem Unglauben!" Sie wirkt Früchte des ewigen Lebens und an diesen erkennt man, wer ein wahres Gotteskind ist, – wenn es reine Früchte auf den Altar der Liebe legt, echte, aus dem Glauben heraus gewachsene, keine nachgemachten toten Früchte. Es gibt viele Menschen, sie bringen Früchte, aber die sind nicht echt, sie sind nicht aus dem Glauben heraus gewachsen (Röm 14, 23), es sind nur nachgemachte Früchte, die man nicht genießen kann. Vor der Menschen Augen scheinen sie, aber der Herr kann sie nicht brauchen, weil sie nicht echt sind, weil sie keine Kraft des Lebens in sich haben.

26

Bittet um den rechten lebendigen Glauben, mit welchem ihr in den Stürmen des Lebens fest stehen könnet, mit welchem ihr gerne verleugnen könnet, mit welchem ihr auch Jesum umfassen könnet in Seiner großen Gnade und Barmherzigkeit, mit welchem ihr euch festhalten könnet an dem Herrn und ausrufen: „Ich lasse

Dich nicht, Du segnest mich denn! Ich lasse Dich nicht, Du hilfst mir vom Verderben, Du rettest mich, wenn ich sinke!" Strebet allein nach diesem Glauben, ringet um denselben, denn aus diesem heraus wächst alles. Mit diesem Glauben kannst du tun, was ein natürlicher Mensch nicht tun kann. Ein Naturmensch denkt immer nur an das Materielle; aber ein Geistesmensch kann im Glauben viel wirken und auch viel lassen. Ein Kind Gottes sollte nicht ruhen, bis es ganz durchdrungen ist von allen Kräften des Himmels, bis es durchdrungen ist von dem Lichtglanz der ewigen Gottheit, dass es hier schon leuchte und Beweise gebe, dass es von einer hohen Himmelskraft durchdrungen ist.

27

Wie viele Christen meinen, eine große Tat getan zu haben, wenn sie in ihrer eigenen Weise arbeiten und sich opfern, wie sie meinen, wenn sie andere zu bekehren suchen, wenn sie andern ihre Fehler vorhalten, und wissen nicht, dass das vor dem Herrn nicht angenehm ist. Ihr eigenes Herz bleibt das Alte, ihre eigenen Fehler erkennen sie nicht, sodass der Herr zu ihnen sagen muss: „Du Heuchler, ziehe zuerst den Balken aus deinem Auge, danach siehe, wie du den Splitter aus deines Bruders Auge ziehst." – So gibt's viele Menschen, die umhergehen, die andern zu bekehren, selbst aber wissen sie nichts von Bekehrung und wollen sich nichts gefallen lassen von dem Nächsten. Wenn man sie tadelt, wollen sie sich nicht beugen unter das Joch Jesu, kennen keine Verleugnung ihrer selbst, keine Nahrung ist ihnen recht. Mit den Kleidern prunken sie und wollen nicht als demütige Christen wandeln, was dem Herrn sehr missfällt; denn der demütige Heiland hat sich nicht der Welt gleichgestellt, auch nicht in der Kleidung.

28

Was ist es doch um den Frieden, um diese heilige Himmelsgabe! Wer mag diese genug schätzen! Ein wahres, treues Gotteskind trägt diesen Frieden im Herzen, auch mitten in dieser Welt voll Unfrieden. Es lässt sich nicht stören durch das, was draußen vorgeht, auch nicht von bösen Menschen, die das Kind zu beunruhigen suchen. Es bleibt stille in seinem Herrn und Gott, denn es hat ja den Frieden, welcher vom Himmel gekommen ist, in seinem Herzen. Solche Menschen sind hier schon glücklich und selig, solche Menschen kommen vorwärts, weil sie sich nicht aufhalten und den Frieden nehmen lassen. Denn der Feind, der Fürst der Finsternis, ist geschäftig, den Frieden allenthalben zu stören. Er bringt immer wieder etwas Neues, um die Herzen von Jesu wegzubringen, weil er weiß, dass wenn eines den Frieden verloren hat, der Herr in dasselbe nicht so tief eindringen kann. Und wenn der Feind die Seele auch nicht ganz hinwegbringen kann, so fällt sie doch oft lange Zeit zurück und ist weit entfernt vom wahren Frieden Gottes.

29

Kein Friede ist hier auf Erden, kein Friede auch unter den Kindern Gottes, kein Friede in den Gemeinden, kein Friede in den Häusern, wenig Friede in den einzelnen Herzen. Das ist das Zeichen der „letzten" Zeit. O merket es doch und ringet nach dem heiligen Gottesfrieden in dieser letzten, betrübten Zeit. Es wird ja nicht besser kommen. Immer mehr wird der Feind seine Macht auf Erden ausbreiten bis zu der Stunde, wo der Herr mit Seinen Heiligen vom Himmel herabkommt, um ein Friedensreich auf Erden aufzurichten. Er ist dann der König auf Erden, keiner wird regieren, nur Er. Merket ihr denn nicht des Feindes List, wie er zu den Kindern Gottes fein und unbemerkt kommt, um ihnen den Frieden zu rauben und ihre Herzen zu verfinstern, dass sie das Licht nicht mehr erkennen und die richtige Erkenntnis nicht mehr haben? Merket ihr es nicht, wie er sich in die Herzen und Häuser einschleicht? O lass' sich keines betören, sondern wende sich ein jedes sogleich zu Jesu, dem Friedenskönig, der jenen finstern Fürsten überwunden hat und ihn einst binden wird, dass er keine Macht mehr auf Erden haben kann.

30

An einem jeden Tag soll das Christenkind wachsen, aber wie viele Tage gehen vorüber, in welchen man zurückgeht, statt vorwärts. Der Herr schenke es, dass ihr von nun an immer mehr wachset und zunehmet am inwendigen Menschen, dass an einem jeden Tag gesagt werden kann von den heiligen Engeln: „Sie sind einen Schritt näher zu Jesu gekommen"; dass an einem jeden Tag gesagt werden kann: „Die Liebe des Herrn ist mächtiger in sie eingedrungen, sie haben sich mehr zu Jesu gehalten, sie haben mehr gelernt, sich selbst zu verleugnen, sie haben gelernt, sich in der Geduld zu üben, sie haben gelernt, freudiger zu sein in den Widerwärtigkeiten des Lebens." Denn das Reich Gottes ist *Freude*, und wer ein Kind dieses Reiches ist, hat den Geist der Freude im Herzen. Im Reiche Gottes ist *Friede*, und wer ein Kind dieses Reiches ist, hat Frieden im Herzen und sucht den Frieden zu bewahren. Im Reiche Gottes wohnt die *Liebe*, und wer ein Kind dieses Reiches ist, trachtet danach, diese heilige Liebe immer mehr anzuziehen.

31

Dringet mehr hinein ins Herz Jesu, mehr in die Stille, o da lernt man so viel! Mit den Sinnen nicht so viel hinaus, sondern hinein, da wirkt der Geist und da wächst man von einer Stufe zur andern hier in dieser Zeit. Selig und herrlich ist der, welcher in der Gnadenzeit ausgegangen ist von der Sinnlichkeit aller Art; selig ist, welcher ausgegangen ist von der Welt und ihren Vergnügungen fein und grob. Wer hier noch Genuss sucht, der ist noch nicht völlig eingedrungen in die Liebe Jesu; denn ein Gotteskind will erst dort Genuss empfangen, und dort wird es genießen von Ewigkeit zu Ewigkeit.

Dort wird es nie gestört, keine Krankheit, kein Schmerz, kein Kummer trübt die Freude, man hat keine Sorgen mehr, in keiner Weise, man hat von dem Herrn bekommen, was das Herz befriedigt. Weil man auf Erden keinen Genuss suchte, so wird einem dort alles versüßt und man darf sich freuen ewiglich. Alles wird einem abgezogen, was man hier zu viel genossen hat, und was man um des Herrn willen verlassen hat, das bekommt man dort in reichem Maße.

32

Der Herr ist ein reicher Herr. Er gibt Seinen Kindern über Bitten und Verstehen. Er gibt ihnen die Fülle, sodass sie sich freuen können allezeit. Ja Er gibt Seinen Kindern immer wieder Neues. Er führt sie von einer Freude zur andern, von einem Genuss zum andern; darum sollte man nicht so viel klagen, wenn man hier in dieser Zeit nicht genießen kann. Es ist ein Unterschied, ob der Herr einem etwas nimmt oder ob man es Ihm selbst anbietet und aus freiem Trieb opfern und alle Genüsse des Lebens dahingeben will, oder ob man sich eben darein schickt, weil es einem genommen worden ist. Doch auch da, wenn man geduldig ist, wird der Herr einst sagen: „Weil du dich in Geduld fügtest in das, was Ich dir zur Besserung deiner selbst nehmen musste, wirst du jetzt Freude haben ewiglich." Er sieht mit Wohlgefallen auf die Seelen, die aus freiem Triebe ihre Sinnenlust, ihr hoffärtiges Leben und ihre Augenlust Ihm hinlegen auf den Altar der Liebe; und sie können es in der Kraft Dessen, welcher sich für sie opferte.

33

Ihr müsst euch immer als Pilger ansehen und nicht als Bürger dieser Welt. Das ist der Fehler von vielen Tausenden, dass sie sich hier einbürgern, darum können sie ihren Geist auch nicht aufschwingen in der Stunde des Todes und müssen hier bleiben, bis ihr Geist freigeworden ist von der Erde. *Wandelt als Pilger auf dieser Welt, als ob ihr auf der Reise wäret, wo man es nie so bequem hat wie zu Hause.* Denket immer: Ich bin ein Pilgrim, ich warte der Heimat, ich weiß, dass ich eine Heimat habe, aus welcher ich nie vertrieben werden kann. So denkt ein wahrer Christ. Er will nicht so viel auf dieser Erde, er schickt sich gerne in die vielen Unbequemlichkeiten und Widerwärtigkeiten, er wird nicht ungeduldig, wenn ihm Unangenehmes begegnet; denn er weiß: Ich werde nicht hier bleiben, ich habe ja einen Ort, wo Friede und Liebe wohnen und ich bekomme, was mein Herz befriedigt. Wenige haben dieses Ziel vor Augen, sonst würden sie sich nicht so einbürgern auf dieser Erde, sonst würden sie nicht so viel suchen hier in dieser Zeit.

34

Man jammert und klagt, wenn so vieles kommt, das einem nicht angenehm ist, man ist betrübt über das, was einem täglich widerfährt, und wenn man dieses und jenes nicht mitmachen kann; man sucht Genuss in der Gesellschaft mit andern, im Gedankenaustausch mit Gleichgesinnten. Man freut sich stets, mit Geschöpfen im Umgang zu sein, und wenn man das entbehren soll, ist man unglücklich und betrübt. An das denkt man aber am wenigsten, mit *Dem* Umgang zu haben, welcher einen allein befriedigen und glücklich machen kann. Man sucht diesen Umgang am wenigsten, man will nicht in der Stille mit Jesu dem Herrn sich unterhalten, wo man doch so viel gewinnen könnte; viel lieber ist einem der Genuss des Umgangs mit Menschen. Suchet das, was im Himmel ist, und lasset die andern, welche nicht wollen, ihren Weg ziehen. Haltet euch nicht auf mit solchen trägen Seelen, die immer wieder ihren Blick zur Erde wenden und auf das, was drinnen ist, die sich festhalten an der Kreatur und den Gütern dieser Zeit.

35

Fanget doch einmal an, lieber ganz allein vorwärts zu pilgern, wenn die andern nicht mitwollen, den schmalen Gottespfad zu gehen, der mit Dornen besät ist, auf welchem man nur wenige Röslein findet, die einen erfreuen. O diesen Pfad gehet gerne! Eilet hinauf und lasset alles andere dahinten, nur dass ihr vorwärts dringet, und betet für die, welche den richtigen Weg nicht gehen wollen. Wenn sie nicht annehmen, was ihr saget, so möge euch dies nicht abhalten, vorwärts zu dringen; denn kein Mensch auf Erden kann euch selig machen, nur allein Jesus Christus. Man darf da auf keinen Vater und keine Mutter achten, wenn diese den Weg des Lebens nicht gehen wollen. Man darf auch nicht hören auf die Kinder und sich durch sie abhalten lassen, den Willen des Herrn zu erfüllen. Man darf nicht hören auf Mann oder Weib, wenn sie durchaus nicht den Weg des Lebens gehen und sitzen bleiben wollen bei den Trebern dieser Welt. Im geistigen Leben gilt keine Verwandtschaft; der Herr verlangt, dass man Ihm alles opfern kann.

36

Hier hat man keine Ruhe, hier ist immer Angst und Schrecken, weil die Sünde herrscht und der Satan umhergeht wie ein brüllender Löwe. Hier sind alle Freuden getrübt, weil überall der Fürst der Finsternis dabei ist, auch wenn es keine weltlichen Freuden sind; wenn man nur ein Stündlein des Segens hat, so will er denselben einem rauben. Wenn man in dem Herrn Jesu vergnügt ist, so gönnt er dem Gotteskinde diese Freude nicht. Man kann nur in immer gleicher Ruhe bleiben in dieser Welt, wenn man bei Jesu ist, wenn man nicht von Ihm hinweggeht. Ringet hauptsächlich nach den heiligen Himmelsfreuden, nach dem, was man in Jesu hat. Diese Freuden währen ewig, sie werden vermehrt, der Herr weiß für Seine Kinder immer etwas Neues; o diese haben es gut! Die Weltkinder suchen Freude auf dieser Erde, sie belustigen sich auf ihre Weise, sie wissen nicht, wie bei solchen Vergnügen der Fürst der Finsternis unter ihnen ist mit seinem ganzen Heer. Er gibt den Weltkindern die Gedanken dazu ein und freut sich, wenn sie dieselben ausführen.

37

Haltet aus in den Tiegeln und wartet stille auf den Herrn, welcher euch zu seiner Zeit heraustun wird aus dem Schmelzofen, wenn ihr geläutertes Gold seid. Das Gold muss durch viele Tiegel hindurch, bis es so hell glänzend ist, dass man Sein Bild in demselben schaut, und so will es der Herr haben, Er will die Seelen so lange in dem Ofen lassen, bis Er Sein heiliges Bild in dem ihren schaut. Solange Sein Bild noch nicht herausblickt aus euren Seelen, solange ist es nötig, dass ihr geläutert werdet und völlig zugerichtet auf Seinen Tag. Der große Schmelzer möchte dies in der Gnadenzeit an euch tun, Er möchte euch durchläutern und durchreinigen, dass ihr völlig tüchtig seid, im Heiligtum zu wohnen. Und ihr merket dies so lange nicht, ihr klaget und jammert oft so sehr über das, was über euch kommt, und doch ist's so gut für eure Seelen, doch ist's so nötig, dass alles Unreine hinwegkomme. Lasset es mit Freuden geschehen, was der Herr Jesus an euch tut, seid gerne bereit, an euch arbeiten zu lassen.

38

Drüben wird euch alles ersetzt, wenn ihr geduldig seid. Dort werden die Freuden nicht aufhören, die Wonne wird unaussprechlich sein, ja immer wieder neues Vergnügen, neues Leben, neues Licht wird euch zuteil werden; denn von Stufe zu Stufe wird man verklärter und verherrlichter, bis man hinangereift ist zur Vollkommenheit und zum vollkommenen Lichte. Denn auch im Glanze ist ein Unterschied: nicht alle glänzen gleich im himmlischen Reich. Man sieht es drüben, wie viel man gelitten hat und im Glauben hindurchgedrungen ist. Man sieht es am Glanze und am Schmuck, was man für den Herrn getan und ob man auch für Seine Ehre gekämpft hat; ob man sich um Seines Namens willen hat etwas gefallen lassen können und ob man in reinem Sinn gewandelt ist. Selig wird man aus Gnaden, aber durchdrungen vom Lichtglanze wird die Seele, welche in allen Lagen und Leiden des Lebens im Glauben hindurchgedrungen ist.

39

Den Verachtungsweg (Demutsweg) wollen die Menschen nicht gehen, sie scheuen dies so sehr, sie möchten durchaus immer geehrt sein oder wenigstens ordentlich angesehen unter den Menschen. Es tut ihnen so weh, wenn sie niedriggehalten werden, weil sie deshalb ausgeschlossen sind von den Reihen der Hochgestellten. O wie töricht sind die Menschen! Wie töricht sind sie, sie können die Verachtung nicht ertragen, sie haben keine Geduld, auszuhalten in den tiefen Bedrängnissen, sie können nicht wandeln im Tal der Demut, deshalb werden sie auch keine rechte Christen. Ein jedes Wörtlein, das man von ihnen spricht, erregt sie. Sie hätten viel lieber das Lob bei den Menschen, als wenn etwas über sie geredet wird, das zu ihrem Nachteil ist. Prüfe sich doch ein jedes, ob es nicht also ist – statt dass man sich freuen würde, wenn man aus dem Kelche der Verachtung trinken dürfte. Wo sind die Seelen, die es gerne tun, die wirklich von Herzen sagen können: „Ich darf meinem Heiland folgen auf dem Weg der Verachtung und Demut?"

40

Glaubet ja nicht, dass die, welche man hier auf Händen trägt und allezeit erhebt, auch im Königreich Jesu so hoch hinaufkommen; nein, sie müssen dort zurückstehen, denn sie haben nicht gesucht den Weg der Demut, sonst würden sie die Erhebung von sich gewiesen haben, wie der Herr, als Er noch auf Erden wandelte, da sie Ihn zum König machen wollten. Er wollte ja durch die Tiefe gehen – und das für die Menschenkinder – und ein Gotteskind soll auch nichts anderes wollen, als dem Herrn Jesu nachfolgen, auch in der tiefsten Verachtung. Was ist's, wenn die Menschen euch schmähen? Haben sie ein Recht einst vor dem heiligen Throne Gottes, wenn ihr dort stehet, dies zu tun? Wenn der Herr seinen Mund auftut, müssen sie schweigen, wenn

Er euch ehrt, müssen sie zurückweichen; dann müssen sie sich schämen vor dem allerheiligsten Angesicht Gottes, dass sie euch geschmäht und verfolgt haben. Traget gerne die Verachtung, traget gerne die Verleumdungen und freuet euch, wenn der Herr Jesus euch würdigt, aus seinem Kelche zu trinken.

41

Wenn ein Gotteskind alle Tage neue Kraft aus Jesu schöpft, so kann es auch in den tiefsten Tiegeln stillehalten. Ihr werdet euch einmal recht schämen, wenn ihr das Ziel nicht erreicht hättet, das der Herr euch bestimmt hat. Und wenn ihr auch noch (nur) selig werdet und nicht das bekommet, was euch bereitet war, so ist's von Ewigkeit zu Ewigkeit eine Trauer im Herzen, denn es ist ein großer Unterschied zwischen selig und herrlich. Das, was man hier in der Gnadenzeit versäumt hat, kann nicht wieder eingeholt werden. Wenn eine Seele auch nach vielen Irrwegen noch selig wird und zugerichtet fürs Reich Gottes, so hat sie doch versäumt, die Herrlichkeit Gottes zu empfangen und den heiligen Schmuck der Gerechtigkeit. Darum lasset euch gerne hindurchführen durch die Tiegel, in welchen der Herr euch läutern will. Ihr seid nicht nur berufen zur Seligkeit, sondern erwählt zur Herrlichkeit; aber die Seele verscherzt es dadurch, wenn sie nicht in Geduld aushält in den Läuterungen, in welchen sie die Herrlichkeit erlangen kann.

42

Wie viel vertändeln die Christen Zeit mit unnötigen Gesprächen, mit unnötigen Dingen, mit welchen sie sich Mühe machen! In wie vielen Stunden könnten sie beten, wo sie etwas anderes tun, das nicht zur Ehre des Herrn ist! Wie oft ein Krankes, Verlassenes besuchen, wo sie sich selbst bequeme Stunden bereiten. Ein Gotteskind, das nach Jerusalem (der himmlischen Stadt) will, muss alles meiden können: Vater, Mutter, Bruder, Schwester und Kind, wenn diese nicht den gleichen Weg gehen wollen; denn wie oft hat man sich wegen Blutsverwandten das Ziel verrücken lassen, weil man Rücksichten gegen sie nahm. Ist nicht der Heiland das Wichtigste? Ist's nicht Er, welchen man am meisten lieben soll? Und man lässt sich aufhalten (wegen der Meinungen) von Geschöpfen? Wer hat der Seele die Seligkeit gebracht? Wer hat sich geopfert? Ist's ein Vater oder eine Mutter oder ein Bruder gewesen? Der Herr Jesus hat's getan und Ihm gebührt allein die Ehre und der Ruhm von Ewigkeit zu Ewigkeit.

43

Wer fleischlich gesinnt ist, ist im Tode; wer aber geistlich gesinnt ist, hat Leben und wird leben in Ewigkeit. Alles Sinnliche muss hinweg, ehe man zur Vollendung reifen kann. Es ist da nicht die Rede vom groben, sondern vom feinen Wesen, von den feinen Lüsten und Begierden. Das Menschenkind will allezeit genießen und denkt nicht an das, dass man hier in der Schule ist und nicht zum Genuss, dass man hier in den Tiegel gehört und in die Läuterung, und nicht Freuden zu suchen hat. Ein Gotteskind soll nicht danach trachten, es gut zu haben in der Welt, sondern es soll auf seinen Herrn und Heiland blicken, soll gerne mit Ihm leiden, gerne mit Ihm in die Schule gehen und gerne bei Ihm lernen. Und wie wenige denken an das, fast alle suchen Genuss auch im Geistigen, man will immer nur gerne das hören, was einem Genuss verschafft; man möchte von Seligkeit und Himmel hören, möchte aber nicht kämpfen gegen alle Lust und alles Böse.

44

Wer sich an den Herrn hält, darf nicht verzagen und wird immer das empfangen, was er braucht im Geistlichen wie im Leiblichen; nur muss das Gotteskind auch warten können. Dem Herrn wäre es ein Geringes, augenblicklich zu helfen, aber die Stunde muss vorher geschlagen haben, wo es gut ist. Er hilft nach Seiner Verheißung, und alles, was man bittet, wird man bekommen, aber zu der Zeit, wo man's ertragen kann. Wenn der Herr einen fürs Himmelreich erziehen will, so kann Er einem nicht sofort alles geben, was man begehrt. Er muss vorher Seinen Zweck erreicht haben. Er kann auch nicht geben, was man im eignen Sinn bittet. Man hat schon oft etwas gebeten, später war man froh, dass man nicht erhört worden ist, weil man einsah, dass es nicht gut gewesen wäre. Der Herr hilft den Seinigen hindurch, das darf man mit großer Zuversicht glauben. Er lässt ein Gotteskind nicht zuschanden werden.

45

Ein Christ soll leiden können, ein Christ soll beweisen, dass er seines Herrn Jesu Nachfolger ist, welcher nicht drohte, da Er litt, sondern es Dem anheimstellte, der da recht richtet. So machet's auch, stellet es dem Herrn anheim, wenn ihr ungerecht behandelt werdet, auch in den geringsten Sachen. Statt dass ihr euch verteidiget oder selbst rächet, überlasset es dem Herrn. Es wird die Stunde kommen, wo der Herr Seiner redlichen Kinder Tun ans Licht bringt; es wird die Zeit kommen, wo der Herr den Seinigen zu ihrem Recht verhilft – oft noch in dieser Zeit, gewiss aber in der Ewigkeit, und dort in einem Maße, worüber man sich freuen wird; denn reichlich vergilt der Herr den Seinigen, was sie unschuldig gelitten haben. Die Natur fährt hoch her und will sich nicht schmiegen und fügen, kein Wörtlein will man sich gefallen lassen, und der Herr hat sich doch so viele freche Reden sagen lassen müssen, und viele falsche Zeugnisse sind über Ihn ergangen. Er schwieg stille und hat es dem Vater überlassen.

46

Drüben werden solche Seelen einem vorgeführt, die unrecht an uns gehandelt haben, sie müssen sich demütigen und beugen. Darum kann man wohl warten, bis der Herr Jesus sagt: „Jetzt ist's genug!" Darum kann man sich wohl etwas gefallen lassen, und wenn man auch während der ganzen Lebenszeit Unrecht erleiden sollte, wenn nur desto gewisser die Herrlichkeit des Herrn einst offenbar wird. Aber die Menschenkinder können nicht warten, sie verschaffen sich selbst Genugtuung, sie behaupten ihre Rechte – und verlieren sie bei dem Heiland. Sie verschaffen sich oft selbst Ruhe, und wenn sie sich gedemütigt hätten und wären stille gewesen, so hätte der Herr Jesus ihnen einen herrlichen Schmuck dafür beigelegt. Der Apostel Paulus sagte zu den Brüdern: „Rächt euch nicht selbst, meine Lieben, sondern lasst Raum dem Zorn Gottes." Die wenigsten Menschen können warten. Sie wollen durchaus nichts auf sich liegen lassen und rechten fort bis in die Ewigkeit hinein, darum kann der Herr ihnen auch dort die Rechte nicht verleihen, weil sie sich ja selbst gerächt haben.

47

Wenn ihr recht innig mit Jesu verbunden seid und nur auf ihn blicket, dann wird alles andere an euch vorüberziehen und ihr werdet jederzeit in gleichmäßiger Ruhe und heiligem Ernste bleiben. Wenn man alles so scharf ansieht, das beweist immer noch, dass man viel draußen ist. Wenn man bei Jesus sitzt, sieht man alles in einem gemilderten Lichte an. Da erkennt man alles als Führung unseres Herrn; da zieht man Seine himmlische

Geduld und Sein sanftes Wesen an; da lernt man von Seiner göttlichen Langmut und fühlt eine Kraft ausgehen, mit welcher man dies alles ins Leben bringen kann. Man hält sich viel bei den Menschen auf, statt dass man gerne zu Jesu Füßen sitzt und Ihm zuhört. O bei dem Heiland lernt man so viel! Bittet Ihn um die Gnade, dass ihr jetzt schon im Umgang mit Ihm leben dürfet, dass euch die Stunden willkommen sind, wo ihr in der Stille bei Jesu sitzen dürft, wo Er dann ganz besonders mit euch redet.

48

Denket stets an die Heiligkeit des Ewigen und dass jeder Gedanke, jedes Wort und Werk, das man redet und tut ohne den Herrn, den Seelenleib aufs Neue wieder befleckt, und dass die Flecken und dunklen Stellen wieder entfernt werden müssen durch das Blut Jesu. Darum hat man sich täglich hineinzutauchen in dieses Gnadenmeer und zu bitten, dass der Herr einen völlig reinigen möge in der Gnadenzeit, dass nicht die Ewigkeitstiegel eine solche Seele noch reinigen müssen. Denn wer immer wieder sündigt, nachdem er Vergebung der Sünden erhalten hat, den wird der Herr hier schon durch tiefe Wege führen, wenn er noch in der Gnadenzeit fertig werden will; denn man kann sich auch wieder verunreinigen, wenn man gewaschen ist. Wenn man in der vergebenden Gnade bleibt und täglich kämpft gegen die Sünde und gegen die Macht des Feindes, wenn man täglich wacht, dass man nicht wieder in das Alte hineinkommt, dann hat der Herr nicht wieder aufs Neue zu reinigen.

49

Warum lasst ihr euch so verblenden von dem Fürsten der Finsternis, welcher eine große Freude hat, wenn er sieht, dass eure Seele beim Irdischen hängen bleibt, welcher sich freut, wenn er sieht, dass ihr euren Geist einst nicht emporschwingen könnt? Ihr meint, ihr habt das ewige Leben, aber ihr habt das irdische Leben, an welchem ihr hängen bleibt; denn wer irdisch gesinnt ist, muss ja auf der Erde bleiben, der Magnet zieht ihn dahin zurück, wo er seither gelebt hat. Geistig sollt ihr werden! Solche Kinder, denen das Irdische nicht das Wichtigste ist, das Wohlleben und Guthaben auf Erden – sondern das himmlische Erbteil, der Segen des Herrn soll euch wichtig sein, euch, die ihr Jesu Namen tragt, nicht irdischer Gewinn. Sind das nicht niedere Seelen, die nur irdischen Gewinn suchen und darüber so viele hohe himmlische Gaben verlieren? Sind das nicht niedere Seelen, die so gerne hier unten bleiben mit ihrem ganzen Wesen, da sie doch eine Heimat haben in einer unvergänglichen Welt?

50

O wer mag bestehen, wenn er die Gnade des Herrn nicht hat! Kein Mensch auf Erden ist heilig vor Seinem Angesichte; kein Mensch auf Erden, und wenn er noch so tugendsam wäre, kann ohne die Gnade gerettet werden und Eingang finden ins himmlische Reich. Je elender man sich fühlt und je nichtiger man vor Seinem heiligen Angesichte erscheint, desto gnadenreicher blickt einen der Herr an und desto inniger umfasst er eine solche Seele. Sie möchte dann gesündigt haben, wie sie will, und was auch vorgekommen sein mag, das deckt der Herr zu mit seiner unaussprechlichen Gnade und Barmherzigkeit. Einer solchen Seele hilft er und rettet sie. Er reinigt sie und heilt sie, er bringt sie zum ewigen Licht und zur himmlischen Klarheit, wenn sie stillhält und sich beugt vor seinem allerheiligsten Angesicht. Wie köstlich ist die Gnade, wie unaussprechlich glücklich ist der Mensch, der die Gnade im Glauben erfasst und der hoffen darf, dass Jesus Christus ihn annimmt und einführt in sein himmlisches Reich.

51

Werdet geduldig und demütig und lernet das Kreuz lieb haben! Die ersten Christen haben oft darum gebeten, wenn sie glaubten, sie hätten es zu gut; denn sie wären gerne bei denen gewesen, die dort prangen am Throne des Allmächtigen. Man kann ja die Herrlichkeit des Herrn nur genießen, wenn man zuvor mit Ihm den Leidenskelch getrunken hat (Mt 20,22); man kann nur genießen, wenn man zuvor verleugnet. Es wird auch niemand zu jener Herrlichkeit geführt, der nicht zuvor in tiefen Leiden gewesen ist; man kann solche nicht brauchen bei dem Herrn, bei welchem Glanz und Herrlichkeit ist. Wenn sie auch selig werden, so sind sie noch lange nicht auf der Stufe der heiligen Verklärung, auf welcher sie den Anblick des Heiligsten ertragen könnten. – Lasset nicht nach mit Gebet und Flehen, bis ihr reinen Herzens geworden seid. Und wer sich sehnt, frei und rein zu werden, der darf auch keine Läuterungstiegel (Prüfungen) von sich weisen. Je näher ihr zum Ziel gelanget, desto heißer werden die Tiegel.

52

Je einfältiger und kindlicher man wird in dieser Zeit, desto schneller kann man vorwärtseilen; je klüger und weiser man ist, desto langsamer geht's voran; je mehr man in seinem Eigendünkel weitermacht, desto länger dauert's, bis die heiligen Tore Jerusalems geöffnet werden. Das verstehen freilich viele Gotteskinder nicht, nur wenige Seelen können es fassen, nur wenige können dies begreifen jetzt schon in dieser Zeit; aber sie werden es erfahren, wenn sie hinüberkommen, sie werden es erfahren, dass man durch und durch geheiligt und völlig rein sein muss, wenn man den Herrn Jesum in Seiner Vollkommenheit schauen will. Es geht nicht so schnell, wie viele Menschen glauben, zur Gottesstadt hinein. Wenn eine hoch begabte Seele von der Zeit in die Ewigkeit geht, die viel getan hat fürs Reich Gottes, so hebt man sie (vonseiten der Welt) hinauf in die Stadt Gottes, denkt aber nicht daran, ob diese Seele reinen

Herzens geworden und frei ist auch von allem Eigendünkel und völlig eingedrungen in den Herrn.

53

Ringet danach, dass euer Sehnen dort hinauf geht, ringet danach, dass ihr nichts wünschet und begehret, als den Herrn zu empfangen; denn wie lange, wie lange müssen solche Seelen die Seligkeit entbehren, die sich ins irdische Treiben hinein verwirrten. Nicht Stunden bloß sind sie in unseligen Räumen, sondern Hunderte von Jahren oft irren sie umher und finden keinen Ausgang. Sie schaffen sich mit ihrem eigenen Sinn das, was sie bisher hatten, aber es zerrinnt ihnen immer wieder unter den Händen. Das ist ein unglückseliger Zustand, darum sollen die Christenkinder danach trachten, etwas zu empfangen, das bleibt in Ewigkeit. Man weiß oft nicht, wie sehr man am Irdischen und an den Genüssen hängt, wie sehr man an sich selbst hängt, an seinem eigenen Wesen. Viele Seelen zieht's nach dem Tode zu ihrem Körper, weil er ihr Abgott war. Sie haben ihn geziert und geschmückt und ihr Herz war voll Eitelkeit, darum müssen sie nun sehen, wie dieser Leib, den sie bisher geschmückt, oft auch verunehrt und befleckt haben durch sinnliches Wesen, der Verwesung ausgesetzt ist.

54

Die Zeit hat Flügel, die Stunden eilen und auch eure Lebensreise ist bald beendet; denn diese kurze Gnadenzeit ist nichts gegenüber der langen Ewigkeit! O würde man doch das Ziel immer vor Augen haben, das Ziel der Reise, so würde man gewiss nicht so viel Zeit versäumen, sondern eilen und seine Seele erretten; man würde sich sehnen hineinzukommen, wo es ja viel besser und herrlicher ist und wo man ewiglich ausruhen kann. Bekümmert euch nicht so viel um das, was auf dem Wege ist, sondern gehet als die von allem Hinwegeilenden hindurch und freuet euch auf die Heimat, freuet euch auf den Augenblick, wo die Pforte aufgeht und ihr eingelassen werden könnt. O das ist ein seliges Gefühl, ein himmlischer Genuss für ein Christenherz! Wie schrecklich aber ist's, wenn eine Seele die Gnadenzeit verträumt hat und wenn die Tore der Ewigkeit aufgehen, sie keine Heimat hat.

> *„Heimatlos", ein bittres Wort*
> *für ein Menschenkind hienieden;*
> *aber heimatlos einst dort – –*
> *keinem sei dies Los beschieden!*

55

Haltet euch doch an Den, welcher dem Tod die Macht genommen hat und Sieger geworden ist und noch Sieger wird über alles: An den großen Wiederbringer, welcher eine ewige Erlösung erfunden* hat. Es ist dies ge-

---

* Poetisch für: Der einen Weg zur Erlösung und Wiederbringung alles Verlorenen gefunden hat und gegangen ist. D.Vlg.

genwärtig Satans Werk, die Menschen von dem Erlöser abzubringen. Tausende gehen verloren, weil sie durch eigene Kraft tugendhaft leben wollen und das Verdienst des Herrn nicht anerkennen. O bewahret doch in dieser letzten Zeit euer Kleinod: Die Gnade des Heilandes, das Verdienst unseres göttlichen Erlösers, und bittet Ihn täglich, dass Er euch Seine Auferstehungskräfte zufließen lasse, dass ihr neu gestärkt und neu belebt werdet und feststehet im Kampf gegen den Teufel, welcher wütend ist und noch alles an sich zu reißen sucht. Die Christen wissen ja, dass sie mit dem Heiland siegen, darum sind sie auch getrost. Nur wer von Ihm weicht, wird unterliegen, und wer sich von Ihm entfernt, der wird überwunden von der finstern Macht. Möget ihr euch aufs Neue hineinversenken in die Kraft der Auferstehung, dass ihr von nun an in einem neuen Leben wandeln könnt.

56

Es ist ein köstlich Ding, dass das Herz fest werde, dass man fest werde für seinen Herrn und Heiland, dass man entschieden wird für die Sache seines Herrn, dass einem nichts wichtiger ist als das eine: Den Herrn zu umfassen. Was suchet ihr den hier auf Erden? Was suchet ihr bei der Kreatur? Suchet doch euer Glück und eure Zufriedenheit bei dem Heiland; nirgends könnet ihr dies finden als bei Ihm. Warum vergeudet ihr eure Gnadenstunden? Warum verliert ihr eure Zeit mit unnötigen Dingen? Lasset doch ab von all dem, denn der Herr kann rufen, ehe ihr es euch versehet. So manche haben vieles ausgemacht, was sie in künftigen Tagen wollen und haben gesorgt, wie es da und dort gehen werde, und der Herr hat zu ihnen gesagt: „Es ist genug!" und hat sie hinweggenommen ohne ihren Willen. Er fragt hier nicht, Er tut, wie es Ihm gefällt.

57

O möchtet ihr doch alles aus Liebe tun, aus Liebe zum Herrn und aus Liebe zum Nächsten in uneigennützigem Sinn und Wesen; denn das ist köstlich vor Ihm. Er vergisst einst nichts, auch das Geringste nicht, das man je einmal getan und selbst schon lange vergessen hat. Man wird ernten ohne Aufhören. Von Ewigkeit zu Ewigkeit erntet man immer wieder neue Früchte von der Saat, die man hier gesät hat. Die Menschen bedenken es nicht, wie viel sie hier säen könnten in jeder Weise, mit Worten und mit Taten. Vom Morgen bis zum Abend kann man säen, wenn man auf den Herrn blickt, und diese Saat geht auf zu einer Zeit und ihre Früchte dürfen die, welche gesät haben, genießen mit ewiger Freude und unendlichem Genuss. Säet, solange es „heute" heißt! Beweiset euch als treue Haushalter Gottes, die das, was ihnen in die Hände gelegt ist, treulich verwalten, die, ohne etwas dafür zu wollen, das Geringste und das Größte stets so tun, als wäre es für den Herrn.

58

Ihr haltet euch viel zu viel auf an dem, was auf Erden ist und an dem, was um euch her vorgeht, und damit vergeuden manche viele Gnadenstunden, in welchen sie hätten lernen können für die Ewigkeit und gewinnen können für ihr ewiges Heil und Wohl. Glaubet ihr, dass die Seelen gleich hingehen können (in die ewige Heimat), die bis an ihr Ende in ihren alten Leidenschaften verharrten, die den Hochmut in ihren Herzen behielten, die Herrschsucht und Herrschaft über andere, Zorn, Zwietracht, Neid und Hass? Wie viele kommen mit einem unfriedfertigen Herzen hinüber! Sie beharren bis an ihr Ende in dem, sich über andere aufzuhalten, und verlieren dabei ihre edle Gnadenzeit. Meinet ihr, dass solche aufgenommen werden können, die gar keine Lust hatten, ein anderes zu tragen, die sich stets aufhielten über anderer Fehler und diese auch gerne noch überall erzählten? Diese alle kommen nicht hinein. Stille, stille sollt ihr werden! Wenn ihr nichts anderes zu sprechen wisst, als nur von den Fehlern eurer Mitmenschen, so schweiget doch lieber stille; wenn ihr nicht anders zusammenkommen könnt, als nur von andern zu reden, so bleibet viel lieber zu Hause; es ist euch viel nützlicher, als wenn ihr euch an andern versündigt.

59

Ruhet nicht, bis euer ganzer Leib ein Tempel des Heiligen Geistes ist, der in euch wohnt, welchen ihr habt von Gott. Kämpfet bis aufs Blut, ringet und lasset nicht nach, das Kleinod zu ergreifen. Die kurzen Gnadenstunden lasset nicht vorüberstreichen, dass doch in jeder Stunde eures Lebens noch etwas Gutes gewirkt wird, dass ihr gerne in der Verleugnung lebet und doch endlich einmal alle Lüste überwindet. Es muss geschehen, und wenn's hier nicht geschieht in der Gnadenzeit, so muss man dort durch schwere Proben gedemütigt und zerknirscht werden. Kann man denn nicht diese kurze Zeit in der Schule verharren und in den Proben aushalten? Kann man denn nicht diese kurze Zeit verleugnen und aufopfern, um desto Herrlicheres zu empfangen in der Ewigkeit? Warum wollen die Menschen immer genießen? Es ist doch hier gar keine Zeit des Genusses. Nicht ein bequemes Leben soll der Christ haben, eines, das ihm gefällt, sondern ein Leben der Verleugnung und der Hingabe. Entbehret gerne, gebet gerne, tut wohl denen, die euch beleidigen, machet euch keine eigenen bequemen Wege, sondern verharret gerne in dem, wo der Herr euch hingestellt hat.

60

O blicket hinauf nach der ewigen Heimat, nach dem himmlischen Vaterland, nach dem Licht, das dort oben herabstrahlt von dem heiligen Throne! Ihr habt ja hier keine bleibende Stätte, darum suchet das zu ergreifen, was ihr einst ewig haben werdet, was euch allein glücklich und selig machen kann. Lasset alles hinter euch,

was euch hindert, dieses Ziel zu erreichen, auf dass ihr, wenn der Herr euch ruft, nicht aufgehalten werdet von den Geistern im Luftreich. (Eph 2,2; 6,12)
O wie viele Seelen bleiben da zurück, und das sind die, welche dann einwirken auf die Menschen auf Erden. Waffnet euch im Gebet täglich, ja stündlich, auf dass ihr den heiligen Schutz des Himmels um euch habt, dass nur die euch nahen können, welche vom Herrn gesandt sind, dass ihr fühlen könnt, dass göttliche Kraft und göttliches Licht um euch ist in der Finsternis. Denn finster ist es, finster jetzt in dieser Zeit; wenige Seelen suchen das erhabene Licht, das hohe Ziel zu erreichen, sie sind draußen mit ihren Sinnen, statt dass sie einkehren in ihr Innerstes und da Frieden und Ruhe suchen.

61

Ruhe und Frieden findet man allein bei dem Erlöser, bei dem, welcher gekommen ist, die Sünder selig zu machen, die Verlorenen zu erretten, wiederzubringen und zuzubereiten, dass sie tüchtig werden, die Heiligkeit Gottes zu ertragen. Es gilt in dieser „letzten" Zeit, dass man ernst und entschieden werde, dass man sich felsenfest an den Herrn hält, sonst geht man unter. Wer Ihn verlässt und Sein heiliges Verdienst, Seine göttliche Gnade und Barmherzigkeit, der ist einfach verlassen, wenn er hinüberkommt, der steht da in tiefer Trauer und dunkler Nacht. Denn nur wer Christum hat, ist im Licht und kann wandeln drüben in den heiligen

Lichtgefilden; nur wer Christus umfasst, wird in der Herrlichkeit wohnen, den wird Er segnen jetzt schon in dieser Zeit, dass er glücklich, freudig und getrost sein kann auch in den Leiden des Lebens, dass er nicht wankt und weicht, wenn alles stürmt und tobt. *Christus wird allen alles werden!* Er kennt ein jedes, sieht tief hinein, versteht das menschliche Herz und zieht ein jedes zu Sich, das Verlangen nach Ihm hat.

62

Der Kampf ist groß, denn der Feinde sind viele; aber der Sieg ist herrlich für das Kind, das sich nicht betören lässt, sondern immer wieder mit Mut vorwärtsdringt und, wenn es im Kampfe gefallen ist, sich aufrichtet und aufs Neue wieder zu kämpfen beginnt. Machet's wie einer, der, wenn er oft auch Niederlagen hat, dennoch seines Sieges gewiss ist und immer wieder mutig weiterkämpft, bis der Feind überwunden ist. Nur nicht liegen bleiben, wenn man fällt – aufstehen, denn der Herr bietet einem jeden Kinde die Hand, dass es sich wieder aufrichten kann, wenn es zu Ihm ruft. Es darf (muss) ja nicht einmal aufstehen, der Herr hilft ihm dazu, es darf ja nur rufen: „Komm, Herr Jesu, hilf mir! Ich bin gefallen, richte mich auf, bringe mich doch zum Ziele, halte mich an Deiner starken Hand, dass ich nicht mehr wanke!"

Ach gib aus deiner Fülle
zum Kampfe Kräfte mir,

es ist ja, Herr, dein Wille,
dass Sieger werden wir.
Schon viele deiner Kinder
hast du hineingebracht,
o mach zum Überwinder
auch mich durch deine Macht.

63

Gehet auf dem schmalen Weg, auf dem Weg, welchen der Herr euch gezeigt hat, und werdet stille, werdet recht einig mit Ihm. Was Er mit euch macht – und sollte es immer noch tiefer hinabgehen, solltet ihr auf immer dunkleren Wegen geführt werden – es tut nichts, ihr sollt aushalten und stille werden. Das sind die richtigen Wege zum Himmel, zum neuen Jerusalem, zur heiligen Stadt, welche zwölf Tore hat; das sind die Wege, welche hinanführen zum Berge Zion, wo der Herr wohnt. Kein anderer Weg führt dorthin. Die alltäglichen Christen – die, die sich noch in so vielem der Sinnenlust hingeben, oft auch im Geistigen, die immer Genuss suchen, so viel hören und sehen wollen und doch nicht eingehen in die Wege des Herrn, die das alte Wesen nicht in den Tod legen – können nicht dorthin gelangen. Du kannst vom Morgen bis zum Abend in (Bibel-) Stunden und Kirchen sitzen und doch dabei nicht selig werden, wenn du das nicht ins Leben bringst, was du dort hörst.

64

Warum habt ihr so wenig Liebe zu eurem Heiland, dass es euch gleichgültig ist, ob ihr zu Ihm kommt? – *Liebe, Liebe sollt ihr haben zu Ihm!*, und wer keine hat, soll darum bitten, dass die Liebessehnsucht ihn treibe, dorthin zu kommen, wo Er ist! Bittet um Liebe zu eurem Heiland, dass ihr eine Sehnsucht ins Herz bekommt, die euch treibt, das zu tun, was Er haben will, eine Sehnsucht, ins Heiligtum zu kommen und bei dem Herrn zu sein allezeit. Solche Seelen kommen hinein, die eine Sehnsucht nach Ihm haben, und wenn sie sich auch noch so schwach und elend fühlen. Solche Seelen wollen auch gerne das Kreuz auf sich nehmen, solange sie auf dieser Erde sind. Sie wollen mit ihrem Heiland auch durch das Dunkel und nicht bälder heraus, bis der Herr sagt: „Es ist genug." Seelen, die eine Liebessehnsucht treibt, wird Er einst schmücken und an Sein Herz ziehen, wenn sie auch noch so große Sünder gewesen wären.

65

Prüfet eure Herzen, ob ihr auf dem Wege nach Jerusalem seid, ob ihr auf dem steilen Pfade wandelt, welcher dorthin führt! Die heilige Stadt, sie leuchtet dort oben und nur die können Bürger darinnen werden, welche hier nichts mehr suchen, die den Herrn für ihr Ein und Alles achten; die den Nächsten lieben wie sich selbst, alles bei ihm zum Besten kehren und nicht aus guter Meinung oft etwas Böses machen; die in Geduld und Demut sich das gefallen lassen, was täglich und stündlich vorkommt; die gerne vergeben, dem Nächsten nichts nachtragen und ihn immer wieder mit Liebe umfassen; die in allen Stücken suchen, nur dem Herrn zu gefallen und nicht den Menschen. Der Herr ist die Hauptsache, stets soll man darauf achten, ob es Ihm gefällt, was man tut und redet. O prüfet euch, ob ihr auf dem Wege nach Jerusalem seid! Jerusalem soll euer Bestreben sein, Jerusalem, die hochgebaute Stadt, einst zu erreichen.

66

Demut stammt vom Himmelsthrone, von dem Heiligen in Israel, und der Hochmut kommt von dem Fürsten der Finsternis, von dem, der sich nicht beugen wollte unter Gott, den Ewigen. Und wer noch ein kleines Würzelein von Hochmut in sich trägt, kann nicht ins Reich Gottes eingehen. Hinunter in den Staub, du hochmütige Seele, hinunter in die Tiefe musst du, wenn der Herr etwas in dir soll schaffen können. Den Demütigen und Reumütigen gibt Er Gnade. Sie können ins Lichtreich eindringen, sie können sich schicken in die Wege ihres Gottes und können sich den ganzen Tag beugen unter das, was der Herr ihnen hinrichtet. Das ist's, was die Krone bringt. Es sind nicht immer große Taten, von welchen man Siegerkronen erlangt, sondern dass man im täglichen Leben alles annimmt, was da kommt, dass man sich geduldig und demütig darunter beugt und lernt von dem sanftmütigen Jesu.

67

Wie wenige sind's, die einig werden mit dem Herrn hier in dieser Zeit, die, wenn Er sie prüft, sogleich sagen: „Ja, Herr, Dein Wille geschehe! Ja, Herr, Du bist wahrhaftig, Du bist weise und Du allein weißt, was mir nützlich ist!" Hat der Herr je einmal eines über Vermögen versuchen lassen? Was Er auflegt, hilft Er auch tragen. Hilft Er nicht jeden Tag Seinen Kindern hindurch? Gibt Er ihnen nicht immer wieder aufs Neue Kraft, das auf sich nehmen zu können, was Er auferlegt? Es ist nur der Eigenwille, das eigenmächtige Handeln wollen, was einem oft die Kräfte nimmt oder vielmehr hindert, dass man die Kraft nicht anziehen kann, welche der Herr einem darreichen will. Wer unter der Leitung Gottes steht, wer sich führen lässt von der Hand des treuen Heilands, der hat's gut, auch wenn er durchs tiefste Dunkel muss. Man fühlt den Segen davon, dass man glücklich und zufrieden sein kann.

68

Nehmet die täglichen Vorkommnisse an in Geduld und Demut und aus der Hand des Herrn; denket stets, dass alles zu eurer Selbsterkenntnis und zu eurer Demütigung dient, dass ihr es brauchet und dass es gut ist für euch. Denket stets, dass Der in euch angefangen hat das Werk, es auch vollenden wird, und dass Er bei euch ist alle Tage, wenn ihr auf Ihn blicket, Ihm vertrauet und eure Gedanken auf Ihn richtet. Denn wer dem Herrn vertraut, wird nicht zuschanden, wer sich Ihm übergibt, der darf gewiss glauben, dass Er alles herrlich hinausführt. Wer Ihm im Gebet alles hinlegt, der darf hoffen, dass der Herr zu seiner Zeit alles so führen wird, dass man Ihn am Ende lobt und Ihm dankt, dass man Seinen heiligen Namen preist und sich freut ob der wunderbaren Führung und Leitung. Ihr seid immer noch nicht recht zufrieden mit dem, was der Herr tut, seid noch so ungeduldig und könnt den Ausgang nicht erwarten.

69

Haltet euch nicht auf mit den Schwachheiten des Nächsten und denket allezeit, dass auch ihr noch so viel an euch traget, was dem Herrn missfällt, und dass er ein großes Missfallen daran hat, wenn man immer die Fehler des Nächsten hervorhebt und mit Genuss da und dort wiedererzählt. In dieser Weise verfehlen sich Tausende von denen, die sich Gotteskinder nennen, und kommen damit nicht zum Frieden. Suchet eure eigenen Fehler erkennen zu lernen, dass ihr mehr Sehnsucht nach dem Heiland bekommet; denn wer sich selbst erkennt, braucht einen Heiland, einen Retter, einen Friedenskönig, welcher den Frieden schafft in den Herzen. Ja, kämpfet und ringet, dass ihr als Friedenskinder wandelt, als solche, die den Frieden zu bewahren suchen.

Sei stille, wach und flehe stets;
durch manche harte Kämpfe geht's.

Beweise, wenn es möglich ist,
dass du ein Christ,
ein wahres Kind des Friedens bist.

70

Seid nicht mutlos und nehmet alle Tage aufs Neue euren Wanderstab in die Hand und denket, dass ja auch ihr endlich einmal zum Ziele kommet. Wenn euch das Pilgern und Wandern oft noch so schwer wird und lange vorkommt: Es leuchten die Tore von Weitem herüber, durch welche ihr einst den Eingang findet zur Heimat. Ja, es leuchtet das Licht heraus und es ruft die Stimme des göttlichen Freundes, der da wartet auf Seine Kinder: „Harret aus, Ich bin bei euch!" Auf Erden ist man überall, wo man sich befindet, in der Fremdlingsschaft; und das soll ja so sein, dass man sich nirgends recht zu Hause fühlt, weil ja unseres Bleibens hier nicht ist, weil ja jedes geht, wann der Herr ruft. Und selig ist, wer hier in Geduld und Demut geharret hat, dass ihm die Friedensheimat offen ist; selig ist, der stillgehalten hat auf der Wanderschaft und sich darein fügte, was ihm begegnete; der im Glauben emporblickte und die Verheißungen Gottes festhielt.

71

Blicket hinauf, dahin, wo der Hirte versprochen hat, die Seinigen hineinzuführen, das treue, große Oberhaupt der Hirten; blicket dahin, wo ihr hingehöret, und sucht nichts mehr hier auf dieser Erde. Suchet keine Nebenwege zu gehen, sondern gehet auf dem geraden Weg, auf welchem der Hirte vorangeht. Folgt Ihm, dem Treuen, und suchet nichts anderes. Er geht jedem Schäflein nach, das sich verirrt hat, und will es wieder zur Herde bringen, und wohl dem, das sich wieder zurückführen lässt, wenn es verirrt war; wohl dem, der dann dem treuen Hirten folgt, und nicht wieder eigene Wege geht. O blicket allein auf den großen Hirten, auf Den, der Sein Leben gelassen hat für die Schafe, auf Den, der sich freut und erlabt an dem, wenn Seine Schäflein eingebracht werden können, wenn sie zurückgeführt werden können zu der großen Schar, zum Heiligtum, zur Herrlichkeit des ewigen Gottes.

Wer leben will und gute Tage sehen,
der mache sich zu dieses Hirten Stab!
Hier wird sein Fuß auf süßer Weide gehen,
da ihm die Welt vorhin nur Treber gab.
Hier wird nichts Gutes je vermisst,
dieweil der Hirt ein Herr der Schätze Gottes ist.

72

Bittet recht um das, dass der Herr euch schenke das rechte Aufmerken, die rechte Wachsamkeit, dass ihr euch nicht überlisten lasset von jenem bösen Fürsten. Täglich und stündlich verliert man so viel mit unnützigem Geschwätz, oft mit bösen Reden, oft mit allzu großer Strenge gegen den Nächsten. Man bedenkt es nicht, wie viel man immer verliert dadurch, dass man so viel anrichtet auch bei anderen. Denn ein jegliches muss das auch wieder tragen, was es mit seinen unnützen Reden angerichtet hat, entweder hier oder dort. Wenn man das immer bedächte, würde man wohl seine Reden wägen, seufzen und sagen zu dem Herrn: „Herr, lege Du mir immer die rechten Worte in den Mund!" Das tut man aber nicht, sondern man redet unbedacht, man redet nach seinem Natursinn und lässt den Geist Gottes nicht walten. Ich möchte euch nur zeigen können, wie viel ihr gerade durch solch unbedachtes, oft auch unnützes Geschwätz – bei vielen auch bösartiges Gerede – schon angerichtet und dabei verloren habt für die Ewigkeit.

73

Es gibt drüben viele Stufen; zwischen Seligkeit und Herrlichkeit ist ein großer Unterschied, und auch in der Herrlichkeit unterscheidet man sich. Selbst in der Stadt Gottes sind noch Stufen, eines glänzt mehr als das andere. Es sind alle in derselben Stadt, genießen die Herrlichkeit ihres Gottes; denn alle, die zu „nichts" geworden sind und nur den Heiland umfassen, kommen hinein. Dort aber sieht man an einem jeden, ob er sich hier in dieser Zeit verleugnet und aufgeopfert hat, was er für den Herrn gearbeitet hat und gelitten, ob er sich hingelegt (hingegeben) hat, ob er von Anbeginn hier seine Leidenschaften bekämpfte. Solche Seelen sind ausgezeichnet, ihr Glanz ist herrlicher, ihr Schmuck ist köstlicher, ihre Kronen sind vielfältig geziert und glänzen weit hinaus. Viele tragen Kronen, die nicht geschmückt sind, einfache Kronen, oder haben nur da und dort ein Steinlein; wieder andere haben Kronen voll Edelsteinen und voll herrlicher Perlen. Auch sieht man an den Gewändern, ob sie einen reinen Wandel geführt haben.

74

Haltet stille dem Herrn, nehmet alles an aus Seiner Hand und unterziehet euch gerne den Läuterungskuren, welche Er in der Gnadenzeit mit euch vornehmen will; ihr seid oft so mürrisch, doch ihr solltet euch darüber freuen, wenn dadurch euer Innerstes hervortritt und ihr es kennenlernet. Denn erst durch die Prüfungen könnt ihr hineinblicken lernen in euer böses, verdorbenes Herz, erst dadurch könnt ihr erkennen, dass ihr einen Heiland nötig habt, dass ihr ohne Ihn nicht sein könnet, dass ihr ohne seinen Beistand unmöglich hindurch kommet und dass ihr Ihn ganz besonders auch im Tode brauchet. Denn wer hier keinen Heiland hat, wer Ihn nicht umfasst, der wird in der Stunde des Todes arm, elend und verlassen sein, umgeben von der Finsternis. Darum ziehet den Herrn Jesum immer mehr an, auf dass ihr Ihn habet, wenn es heißt: „Hindurch durch das Tal des Todes!"

75

Es gibt gegenwärtig so wenig lebendige Christen. Viele haben den Namen (es heißt), dass sie leben, und sie sind tot. Wollt ihr auch unter jene zählen? Wollt ihr auch unter jenen wandeln und euch mit ihnen vereinigen? Gehet aus von ihnen und lernet dem Herrn folgen in rechter, wahrer Weise; denn jene sind ja in vielem der Welt gleich. Sie haben ihre Manieren, sie schämen sich, entschieden herauszutreten in allen Stücken, und erfreuen sich auch noch an vielem, das der Welt angehört. Dieser Weg führt nicht zum Himmel, zur heiligen Stätte, das sind nicht die vollendeten Gerechten, das sind nicht die, welche einst prangen werden im Heiligtum vor dem Throne Gottes. Was ist's, wenn sie euch auch für Toren halten, für übertrieben, für Sonderlinge, welche man in der Welt nicht brauchen kann. Lasset sie machen und gehet euren Gang, und der Herr wird sich euer freuen. Und wenn ihr jetzt auch unter dem Druck lebet, dennoch seid ihr freie Gotteskinder, die ihren Geist hinaufschwingen und fröhlich sein können allezeit.

76

Vermenget euch nicht mit den Scheinchristen, bleibet weg von ihrem Tun und Treiben, seid stille, wenn sie euch verachten und oft auch schmähen; ihr wisset gewiss, dass der Herr mit euch zufrieden ist, wenn ihr auf dem schmalen Wege gehet, wenn ihr hindurchdringet und durchbrechet (von der Nacht zum Licht). Hier gilt es auch nicht zu hören auf die, welche mit euch dem Fleische nach verwandt sind, hier gilt es auf den Herrn zu hören, hier gilt es auf Seine Worte zu achten, hier gilt es auf den Ruf zu hören: „Vorwärts!" Ein Gotteskind hält sich nicht auf; denn der Herr selbst spricht: „Das sind meine Brüder und Schwestern, das ist meine Mutter und mein Vater, die den Willen tun meines Vaters im Himmel." Darum merket wohl auf, was der Herr redet, und tut euren Beruf still und in der Treue, erweiset Ehre, wem Ehre gebührt, seid in der Liebe gegen jedermann; aber das, was der Herr euch anweist, das tut am allermeisten, dem muss alles andere untergeordnet werden.

77

Wer nicht ganz abbricht mit allem, der kann nicht ein rechter Jünger Jesu sein; wer nicht ganz hindurchdringt (überwindet), den kann der Herr nicht brauchen in seinem Reich. Fort mit der Welt, fort mit den Lüsten des Lebens, fort mit dem irdischen Sinn, fort mit dem fleischlichen Wesen, fort mit der Eigenliebe, fort mit der Bequemlichkeit! Alles dieses hindert die Seele, sich hinaufzuschwingen zu dem Throne unseres Gottes, alles dieses zieht die Seele immer wieder zurück. Es muss alles (Unkraut) aus dem Grund herausgenommen werden, es genügt nicht, dass nur das Äußere abgeschnitten ist, d.h. die äußeren in die Augen fallenden Sünden und Untugenden, sondern auch das, was verborgen ist vor der Menschen Augen, dass auch das kleinste und tiefste Würzelein herausgerissen werde, dass gar nichts vor den heiligen Augen Gottes Missfälliges mehr im Herzen drinnen ist. Darum ringet, dass ihr überwindet, ringet und kämpfet, denn es gilt da nicht ein lautes, träges Wesen.

78

Der Herr freut sich über ein bittendes Kind, über eines, das in allen Dingen zu Ihm kommt, das Ihn nicht nur in geistlichen Nöten anfleht; denn auch fürs Leibliche darf man zu Ihm kommen. Er neigt sich zu dem Kinde, das mit Ihm sprechen will und erhört es so gerne; Er weist keines zurück, auch wenn es etwas Ungeschicktes bittet. Er hört auf ein jedes Kind und alles ist Ihm wichtig von einer jeden Menschenseele. Spreche keines: „Der Herr bekümmert sich nicht um alles." Wie eine Mutter sich nach ihren Kindern umsieht und wie ihr alles wichtig ist, was ein Kind tut und was ihm begegnet, so auch der Herr; ja noch viel wichtiger ist es Ihm und noch viel liebevoller und getreuer blickt Er nach seinen Menschenkindern. Er will, dass sie einst ewig glücklich und vollkommen befriedigt werden. Darum entzieht Er auch manchen dies und das, damit sie desto mehr zu Ihm hinaufblicken lernen. Er merkt auf alles, auf eure Gedanken, Worte und Werke. Er sieht, wie ihr's meinet, aus welchem Beweggrund ihr etwas tut. Er sieht in die Tiefe des Herzens hinein.

79

Auf die Treue kommt es an. Eine Seele mit wenigen Gaben kann herrlicher werden, als eine mit vielen, die sie nicht in der rechten Treue verwendet hat. Man kann viel tun und viel arbeiten und doch nicht zur Herrlichkeit gelangen. *Der Herr sieht auf das, wie man es tut. Er sieht auf den Beweggrund;* darum sind auch drüben die Stufen verschieden und der Glanz verschieden und das Erbteil verschieden. Denn es kann ja unmöglich sein, dass alle eines und dasselbe empfangen. Sollte der, welcher sein ganzes Leben dem Herrn geweiht und geopfert hat, der sich allezeit verleugnet hat und nur für andere gelebt, auf gleicher Stufe stehen mit jenem, der sein ganzes Leben der Welt gedient hat und erst am Ende dem Rufe des Herrn folgte? Wohl wird er nach dem Ausspruch des Herrn noch selig und in Gnaden angenommen, aber nicht herrlich. Denn wer in kindlicher Treue sein ganzes Leben dem Herrn weiht und opfert, der wird in der Herrlichkeit weit vorangerückt sein, der wird eine Krone tragen und Fürstentümer besitzen, herrlich und heilig geschmückt sein.*

80

So viele Seelen suchen menschliche Weisheit, sie hören auf wohlgeschmückte Reden, in welchen kein Geist

---

* Zur weiteren Betrachtung siehe auch das Gleichnis vom verlorenen Sohn (Lk 15, 11-32) und das Gleichnis von den Arbeitern im Weinberg (Mt 20, 1-16).

und kein Leben ist. Was geschmückt und künstlich zugerichtet ist, das gefällt ihnen, da meinen sie Befriedigung zu haben; sie suchen, sie wünschen und begehren etwas für die äußeren Sinne. Sie suchen Gefühl und Wohlbehagen auch bei dem Christentum; sie suchen ein ruhiges, gemütliches Leben, wo man allezeit genießen kann. Das Verleugnen ist ihnen noch nicht bekannt, weil sie nicht bei der einfachen Lehre Jesu stehen bleiben, bei den einfachen, kindlichen Worten des Herrn. Denn die Lehre Jesu ist trotz ihrer Weisheit und Fülle eine einfache, kindliche Lehre; aber das genügt den Seelen nicht, die mit ihren Sinnen draußen sind. Sie suchen die Lehren und die Weisheit der Menschen, es gefällt ihnen besser, wenn etwas so wohlgeformt, zugerichtet und geschmückt ist, dass man den Kern der Wahrheit des göttlichen Wortes gar nicht mehr findet. Suchet das, was vom Geist Gottes durchdrungen ist, denn alles, was nur äußerlich ist, befriedigt die Seele nicht.

81

Ihr sprechet: „Ich möchte ein Nachfolger Jesu werden, ich will Ihm dienen, ich möchte Ihm ähnlich werden", und wenn nur etwas Geringes euch in den Weg tritt, das ihr überwinden sollt, dann seid ihr mürrisch und haltet euch auf daran. Oft nicht nur stundenlang, sondern ganze Wochen und Monate könnt ihr in euren Herzen nicht fertig werden damit – wenn ihr auch äußerlich davon schweiget. Ihr wollt Nachfolger Jesu sein und könnt gar nichts auf euch nehmen; ihr wollt Kinder des Höchsten genannt werden und bringet Ihm noch so wenig Ehre; ihr wollt sagen: „Ich bin ein Kind Gottes" und habt doch noch so wenig angezogen von dem höchsten Licht; ihr wollt eingehen in die Herrlichkeit und traget noch gar nichts von ihr in euch. Es muss noch ganz anders mit euch werden! Ihr haltet noch viel zu viel von euch selbst und von eurem Tun; ihr seid noch lange nicht so, dass ihr euch für den größten Sünder haltet, sonst würdet ihr nicht immer auf die Fehler des Nächsten blicken und noch so vieles bei ihm finden und alles so groß hinstellen – es würde euch alles das so klein vorkommen gegen eure Sündhaftigkeit.

82

Nur den Willen des Herrn abwarten in allem, nur auf Ihn hören, auf Ihn merken und nur zu Ihm kommen in allen Anliegen; denn Er hat ein Ohr für ein jedes; mit dem Allergeringsten darf man zu Ihm kommen im Leiblichen und im Geistlichen. Ihr dürft ja nicht glauben, dass dem Herrn etwas zu gering sei, dass Er es nicht hören und nicht darauf merken wolle. Alles, alles dürft ihr dem Herrn sagen. Ihr braucht nicht mit wohlgeschmückten und gezierten Reden zu kommen, mit auserlesenen Worten. O nein, je einfältiger ihr seid, desto mehr Segen wird herabströmen vom Heiligtum, desto mehr Kraft wird Er einem solchen Kinde senden, desto mehr Friede wird in einer solchen Seele wohnen;

denn ein kindliches Wesen stützt sich auf Ihn und hat Frieden. Ihr brauchet auch nicht in langen Gebeten das vorzutragen, was ihr bitten möchtet; mit wenig Worten, in der allereinfältigsten Weise dürfet ihr kommen. O wie viele Gebete steigen empor zu dem Herrn, welche Er nicht brauchen kann, denn sie sind gewählt und geziert, sie kommen aus einem hochmütigen Herzen, das voll Eigendünkel ist; hauptsächlich auch solche Gebete, die im Öffentlichen geschehen.

83

Es darf nichts geschehen, als was der Herr Jesus in Seiner Weisheit zulässt. Darum haltet euch fest an Ihn. Im Vertrauen blicket hinaus, mit Freudigkeit blicket hinüber in jene Heimat, wo Freude und Friede wohnt. Blicket im Glauben hinüber an den Ort, wo die Seligen sind, auch die, welche euch vorangegangen sind, die euch einst, wenn ihr euer Pilgerkleid ausziehet, entgegeneilen werden und sich freuen über das, das der Herr Großes an euch getan hat. Warum wollt ihr trauern über Seelen, die im Heimatland sind? Wollt ihr euch nicht freuen, wenn der Herr wieder eines hinübergenommen hat in jenes Friedensland, in jenes selige Land? Ihr folget auch, wenn ihr ausgekämpft und ausgerungen habt. Und Lob, Preis und Dank sei Dem, der den Himmel eingenommen hat und der dem Menschenkinde eine Stätte bereitet hat, wo es sich freuen kann und wieder zurückkehrt zu Dem, von welchem es ausgegangen ist.

84

Je dunkler man geführt wird, desto herrlicher wird das Ende, je tiefer man hinuntergegangen ist und sich gebeugt hat, desto strahlender wird man einst dort sein. Darum haltet aus, haltet stille, werdet zufrieden und einig mit dem Herrn, dringet hindurch, es koste, was es wolle. Es wird einmal helle werden, das Licht wird dann strahlen und leuchten, und ihr werdet danken für alle dunklen Führungen. Ihr werdet für jedes Leid danken, wenn ihr einmal den Ausgang sehet. Ihr werdet nichts zurückrufen wollen, sondern würdet froh sein, wenn ihr noch viel mehr gelitten hättet, wenn ihr noch viel geduldiger gewesen wäret, wenn ihr dann in der Ewigkeit sehet den Wert der Leiden und der Trübsale. Lernet doch recht Geduld in den Leiden. Die Leiden und Trübsale sind der Verherrlichungsprozess. Wenn man stille hält, kann man lernen und dem Herrn näher geführt werden; wer aber sich dem Herrn widersetzt, der wird aus den Leiden hervorgehen, ohne zubereitet und zugerichtet worden zu sein.

85

Fraget nicht: „Warum kommt der Herr mit seinem Geist nicht über die Gemeinden in der jetzigen Zeit, wo es doch so nötig wäre? Kann und will Er ihn denn dem Weltsinn aufdringen?" Kann Er irdisch gesinnten Seelen mit seinem Gottesgeist nahen? Von außen her kann er an ihnen arbeiten, aber nicht in sie eindringen.

Bittet zuerst um die rechte Einkehr und um das rechte Ausgehen von allem Eitlen, Irdischen und Unheiligen! Und wenn ihr eingekehrt und stille geworden seid, dann bittet um die Ausgießung des Heiligen Geistes in reichem Maße und um seine Gaben. Den Geist, das Irdische zu fliehen und zu meiden, könnt ihr nur empfangen, wenn ihr recht inständig bittet und flehet: „Herr, schaffe in mir ein reines Herz und gib mir einen neuen gewissen Geist!" Um das bittet ihr nicht genug, ihr möchtet zu viel selbst tun und es den Herrn nicht schaffen lassen; ihr bittet immer noch nicht ernstlich genug.

Mach uns still und eingekehrt,
recht von allem ausgeleert,
dass Dein Heil'ger Geist alsdann
Wohnung in uns nehmen kann.

86

Solange ihr immer noch viel lieber andere Unterhaltungen pflegt, als von dem zu reden, was droben ist, so lange seid ihr auch noch nicht fähig, im reinen Licht zu wohnen; denn dort redet man von nichts sonst als von dem, wie man den Herrn verherrliche und seinen süßen Jesunamen lobe und preise. Alles, was man tut in jenem reinen Licht, geschieht zur Ehre des Herrn; jedes Blümlein, das man pflückt in dem Garten Gottes, das nimmt man in seinem Namen und denkt dabei an seine Güte und Liebe; jede Frucht, die man dort bricht, genießt man im Aufblick auf den, der sie geschenkt hat und lobt dabei seinen heiligen Namen. Alles, was man tut und beginnt, tut man Ihm zur Ehre und preist Ihn dafür, dass Er einen würdigt, etwas für Ihn zu tun. Feiert man Freudenfeste, so geschieht es nur zur Ehre des hochgelobten Herrn. Wird eines eingeführt in dieses reine Königreich, so preist man nicht jene Seele, sondern Den, der sie frei gemacht und helle gewaschen hat in Seinem Blut. Alles geschieht Ihm zur Ehre und alles geschieht in Seinem Namen.

87

Es ist etwas Herrliches, wenn man weiß, der hohe Gottessohn ist der Freund, der Bruder, ja der Bräutigam der Seele. Es ist etwas Herrliches, wenn man die Gewissheit hat, dass man nach dem Ablegen dieser Hülle bei Ihm sein darf in Seinem Reich; wenn man mit der Gewissheit hinübergeht, dass man Unaussprechliches antrifft und dann nicht aufhören wird, Ihn zu loben und zu preisen. Darum nützet eure Gnadenstunden aus, wachet und gehet mit jedem Schritt dem Himmel zu. Übergebet euch an jedem Morgen dem Heiland und leget euch kindlich in Seine Hirtenarme, dann werdet ihr gewisse (sichere) Tritte tun und die Heimat erreichen. Noch keines hat es bereut, wenn es den Erdentand und das eitle Wesen verlassen und das fleischliche und sinnliche Wesen überwunden hat; aber da hat man Reue, wenn man die Welt genossen und dem Fleisch gelebt hat, wenn man von Gott und dem Ewigen nichts wissen wollte, wenn man das zurückgewiesen hat, was einen hätte glücklich machen können. Lasset nicht nach mit Gebet und Flehen Tag und Nacht, ringet und kämpfet, auf dass ihr das Ziel erreichet.

88

Es ist etwas Unaussprechliches, wenn man sich dem Heiland ganz und gar übergibt, wenn man alle Sorgen, Mühen und Lasten Ihm hinlegt. Statt immer selbst zu sorgen, zu klagen und zu jammern, sollt ihr sagen: „Herr, ich lege mich in Deine Arme hinein, ich will mit Dir hinausblicken ins künftige Jahr, ich will mich Dir übergeben, wie Du mich auch führen willst; ich will ruhen an Deinem Herzen und von Dir nehmen Gnade um Gnade, Licht um Licht, Leben um Leben." So sollt ihr hinüberziehen und mit dem innigen Wunsch im Herzen: „Ich will aufs Neue mich meinem Heiland übergeben, ich will eilen, dass ich die wenigen Gnadenstunden doch noch zur Ehre meines Heilands verwende." Denn wer ist sicher vor dem Schritt von der Zeit in die Ewigkeit? Ihr wisset ja nicht, wann der Herr des Hauses kommt. Sprechet nicht: „Ich bin jung, es kann noch lange sein." Sprechet nicht: „Es ist noch nicht Zeit." Wer kann wissen, wann der Herr ruft? Es kostet Ernst, darum eilet!

89

Sind alle die Menschen, die sich auf das Irdische verlassen, vollkommen glücklich? Finden sie Ruhe und Frieden im Reichtum, in der Ehre? Finden sie wahres Vergnügen bei der Kreatur? Ist drinnen im tiefsten Herzensgrunde nicht immer ein Sehnen, ein Verlangen nach vollkommenem Glück, nach vollkommener Ruhe? Weil der Mensch zu etwas Höherem geschaffen ist, weil das Menschenkind ein Hauch aus Gott ist, darum sehnt es sich nach Glück und Ruhe. Auch wenn es von irdischen Gütern und irdischem Glück umgeben ist, dennoch sehnt sich die Seele hinweg, dennoch ist sie nicht befriedigt – schon durch den Gedanken, dass sie alles verlassen muss und hier keine bleibende Stätte hat. Kein Mensch ist recht glücklich, der den Heiland nicht hat. Und ein jegliches, das den Herrn gefunden hat, muss bekennen: „Ich habe auch in den höchsten Freuden dieser Zeit keine solche Glückseligkeit empfunden als bei Dem, den meine Seele lieb hat!"

Wüssten's doch die Leute,
wie's beim Heiland ist,
sicher würde heute
mancher noch ein Christ!

90

Ruhet nicht im Gebet Tag und Nacht, bis der Herr euer Ein und Alles geworden ist, bis dass ihr ausgegangen seid von allem, dass euch gar nichts mehr fesseln und halten kann, dass ihr ungehindert hindurchdringen könnet und dass nur Sein Bild euch vor Augen ist; denn ohne den Heiland ist man auch im Himmel nicht befriedigt. Jede Seele sehnt sich dort, Ihn zu schauen, jede Seele möchte das vollkommene Glück. Man findet's auch in Ihm, man braucht keine Kreatur; wenn man den Herrn hat, ist man glücklich. Und wenn ihr auch keinen Menschen auf Erden hättet, aber den Heiland, und euer ganzes Sehnen nach Ihm geht, so könnet ihr dennoch glücklich und zufrieden sein. Er allein ist's, der den Himmel öffnen und zuschließen kann, kein Mensch auf Erden. Darum freuet euch, wenn ihr den Heiland habt, freuet euch! Wenn ihr bei Ihm seid, dann mag es kommen wie es will. Der Herr hat alles in den Händen, Er ist mächtig und wird alles wohl machen und herrlich hinausführen.

91

Seid zufrieden, wenn der Herr hier noch alles anwendet, um eure Seelen Ihm nahe zu bringen und euch in der Gnadenzeit zuzubereiten auf Seinen großen Tag, auf den Tag der Herrlichkeit und aber auch auf den Tag des Schreckens für Seine Feinde. Denn Seine Kinder, die zugerichtet sind, dürfen sich freuen und frohlocken, weil dann ewige Wonne sie umgibt, ewiges Glück und unaussprechliche Freude, weil dann der frohe Tag angebrochen ist, der Königstag, der Hochzeitstag, an welchem die Seinigen unaussprechliche Freude haben.

Nicht allein die Braut, sondern auch die, welche zu diesem hohen Feste geladen sind, welche würdig erfunden worden sind, vor Ihm, dem hohen Könige, zu erscheinen, welche Er Selbst zubereitet hat dazu, welchen Er Selbst das Gewand gegeben hat, den heiligen Schmuck, die königliche Zierde. Denn nichts bringt eine solche Seele mit, sie bekommt alles aus Gnade und großer Barmherzigkeit zum Geschenk von dem König. Je kleiner und demütiger ihr werdet, desto inniger werdet ihr mit Ihm verbunden, und desto freudiger werdet ihr sein an jenem Tage.

92

Gibt es viele Seelen, die den Heiland über alles lieben? Lieben nicht die meisten etwas anderes mehr als Ihn? Können sie um Seinetwillen freudig und getrost jeden Augenblick alles verlassen und hingeben? Wo sind diese Seelen? Auch unter den hoch Begabten und viel Gepriesenen, wo sind sie, die ihren Heiland so innig lieb haben, dass sie um Seinetwillen alles hingeben können und wollen? *Ringet nach dieser Liebe! – denn Er ist es wert, der Heilige in Israel, dass man um Seinetwillen alles hingebe,* dass man um Seinetwillen von allem ausgehe, von allen Kreaturen, von allem irdischen Gut, von aller eitlen Ehre, von aller Freude dieser Zeit. Es ist dies alles nichts, nichts! Denn es vergeht, und nur das bleibt, was man in Jesu gefunden hat. Es ist ja so leicht, Ihm zu folgen, wenn man nur den Willen hinlegt (hingibt), wenn man nur einmal entschieden wird in dem, dass man den Eigensinn bricht. Dazu gehört Gebet und Flehen, Ringen und Kämpfen – nicht ein lautes Gebet, nicht ein Gebet aus dem Buch hergesagt, sondern ein Gebet im Kämmerlein, ein Ringen mit Gott, so wie einst Jakob rang.

93

Bittet immer mehr um die Gabe des Heiligen Geistes, denn dieser Geist dringt hinein in die Tiefen und erleuchtet die Herzen und zeigt das verborgene böse Wesen; er leuchtet hinein in die Seele, welche sich sehnt, befreit zu werden, dass sie sich selbst erkenne. Einem jeden Gotteskind will der Herr Seinen Heiligen Geist geben. Aber er kann nur so viel hineindringen, als man nach Ihm fragt und sich nach Ihm sehnt. Denn je mehr ein Gotteskind draußen ist mit den Sinnen, desto weniger kann der Geist Gottes arbeiten; je mehr es aber eingekehrt wird und stille, desto mächtiger kann der Geist hineindringen in die Tiefen des Herzens, desto mehr kann Er kommen mit Seiner strafenden und mahnenden Stimme, desto mehr kann Er hineindringen mit Seinem göttlichen Wesen. Ringet danach, dass ihr solche Christen werdet, die sich vom Geist Gottes strafen und ermahnen lassen, die aufmerken und hören auf das, was Er ihnen allezeit sagt, nicht nur auf das, wenn Er von außen her zu ihnen kommt, sondern die auch bereit sind, den Geist Gottes in die Herzen aufzunehmen.

94

Was gehört dazu, um dem königlichen Bräutigam zu folgen, um Ihn ganz zu haben und ganz bei Ihm zu sein? Es gehört dazu ein Leben der Verleugnung dieser Welt, ein Leben der Hingabe, gleichwie Er Sich für uns hingegeben hat, ein Brechen des eigenen Willens. Das ist's was so viele Menschenkinder hält und warum so viele nicht in der Liebe mit dem Herrn verbunden werden, weil sie ihren Eigensinn nicht auf den Altar legen, weil sie ihren Willen nicht opfern. Leget euch zu den Füßen Jesu, beuget euren Sinn und Willen unter den Willen des Allerhöchsten und Allerheiligsten, der alles wohl macht. Solange ihr nicht zufrieden werdet, so lange wird Er euch nicht helfen können, Er kann erst dann helfen, wenn es heißt: „Meine Seele ist stille zu Gott" (Ps 62,2), wenn man sich hinlegt und beugt, wenn man wartet in Ruhe, wenn man sagen kann: „Herr, Dein Wille geschehe und nicht der meinige!" Dann wird die Hilfe kommen, dann wirst du sagen können: Der Herr hat alles herrlich gemacht und alles wunderbar geführt und geleitet!

95

Wie viele gehen unter den Kindern Gottes, die haben keinen Frieden! Wie viele laufen jahraus, jahrein in die Versammlungen und Kirchen und haben keinen Frieden! Sie haben nur das äußerliche Gewand, aber sie haben das nicht, was der Herr von einem fordert: Den

Frieden Gottes, das heilige Streben nach dem himmlischen, nach dem einen wahren Gut. Was hilft eine Schale, wenn kein Kern darin ist, wenn nichts Lebendiges hervorkommt? Ein lebendiges Wesen sollt ihr haben, man soll sehen, dass ihr wachset und zunehmet zu etwas Vollkommenem und zu etwas Ganzem. Glaubet ihr, dass der Herr eine Freude habe an solchen Christen, die Ihm nur äußerlich dienen, die nicht ihr ganzes Wesen Ihm hingeben und die nicht danach ringen, Seinen Frieden im Herzen haben? Wer den Frieden des Herrn hat, der kann unmöglich unzufrieden sein mit dem, was der Herr tut, der fügt sich und beugt sich unter alles. Er geht ruhig und stille seinen Gang und freut sich mitten in der Plage in dem Herrn, seinem Gott; denn er weiß, dass er vom Heiland geleitet wird.

96

Seid nicht so träge und sprechet nicht: „Der Herr nimmt mich an, weil ich glaube." O Torheit! Wenn du keinen lebendigen Glauben hast, wenn der Friede Gottes nicht in deinem Herzen wohnt, wie kann der Herr dich brauchen in Seinem Heiligtum? Es liegt nicht an dem, dass man den Kopf hänge wie ein Schilf, dass man vielleicht viel vom Guten rede, sondern dass der Glaube lebendig ist, und dass man im Frieden Seinem Gott diene und dass ein jedes Wort, das aus dem Munde geht, aus der Wahrheit ist und im rechten Sinn und Geist. Ein Gotteskind braucht den Kopf nicht zu hängen, es soll fröhlich sein und freudig in Ihm, Seinem Gott und Herrn, fröhlich in der gewissen Hoffnung des ewigen Lebens, freudig in dem festen Glauben, dass der Herr es leitet und führt. Ja, fröhlich sollen Gotteskinder sein, fröhlich in Ihm, ihrem Herrn; denn das, was aus dem Reich Gottes kommt, das ist Freude.

> *Freude, Freude, über Freude,*
> *Jesus wehret allem Leide!*

97

Man kann jetzt nicht mehr lange den Mittelweg gehen, man muss sich entscheiden für den heiligen, reinen Gott oder für den Teufel; denn die Macht der Finsternis tritt immer mehr und mehr hervor; der Unglaube nimmt überhand, die Christen werden unterdrückt, wenn sie nicht in ihrem alten (lauen) Wesen bleiben, sondern ihrem Herrn und Heiland dienen wollen. Darum sammelt Kräfte vom Heiligtum, Glaubensöl für eure Lampen und Gefäße, dass ihr nicht untergehet, wenn Kämpfe kommen. Jetzt, jetzt müsset ihr mit der Kraft Gottes ausgerüstet werden, wenn ihr siegen wollt. Haltet euch nicht auf auf dem Wege, versäumt eure Gnadenstunden und -Augenblicke nicht, auf dass, wann der Herr des Hauses kommt, Er euch wachend finde und Er Sich freuen möge über euch, und ihr bereit seid, Ihn zu empfangen. Denn das ist Herrlichkeit und Seligkeit, wenn man zugerichtet und zubereitet ist, dass wann Er kommt, man sich freuen kann mit Ihm.

98

Warum sucht man nicht das Glück, die wahre Befriedigung bei dem Herrn aller Herren, dem König aller Könige, bei dem süßen Jesus, bei dem Menschenfreund, bei welchem allein das vollkommene Glück, die wahre Befriedigung zu finden ist? Die meiste Lebenszeit bringen die Seelen oft damit zu, bei den Kreaturen zu suchen, was sie beseligen könnte. O warum bist du so töricht, du Menschenkind? Warum wendest du deine Blicke nicht gleich hinauf zu dem Throne, dort hinauf, wo Leben herabkommt, zu dem Herrn, von welchem ja alles kommt, welcher allein Gaben und Güter des Himmels austeilen kann und bei dem man allein Licht und Leben empfangen kann? Die meisten Seelen bekehren sich zu den Menschen, statt zu dem Herrn; wenn sie jemand für recht und gut und fromm halten, so wenden sie sich zu der Kreatur, statt zu dem Heiland, und darum geht es auch nicht vorwärts mit der Bekehrung, weil dies ja nur sinnliche Liebe ist, Liebe zur Kreatur und nicht zum Heiland.

99

Die wahre, die heilige Liebe umfasst ein jedes Menschenkind mit inniger Hingabe, sie trägt ein jedes mit seinen Unvollkommenheiten und weist keines zurück, und wenn es auch noch so ungeschickt wäre; nein, die wahre Liebe, sie trägt, sie duldet, sie leidet, sie umfasst, sie kann nicht anders als lieben; aber dennoch ist ihr ganzes Wesen nur dahin gerichtet, den Herrn über alles zu lieben und sich nach Ihm ganz und gar zu richten. Wo sind die Christen in diesen Tagen, welche diese Liebe, diese heilige Liebe in ihrem Herzen haben? Sie suchen Seelen, die mit ihnen übereinstimmen, die sie verstehen; mit ihnen wollen sie verbunden sein und anderen treten sie oft entgegen in liebloser Weise, und das nennen sie dann Liebe. Wo sind die Christen, die eine umfassende Liebe haben für ein jedes, auch für die Widerwärtigen, auch für die, welche einen oft beleidigen? Wo sind die Christen, die ganz allein auf den Herrn blicken, auf Ihn, das Bild der Vollkommenheit?

100

Der Herr will euch alle an Sein treues Jesusherz ziehen, Er will euch retten, führen und leiten, Er will euch ganz und gar zubereiten, dass ihr tüchtig werdet, mit Ihm einst in vollkommener Weise vereinigt zu sein. Wenn ihr Seine Hand nehmet, die Er nach euch ausstreckt, wenn ihr Ihm folgt, dann wird Er es in der Gnadenzeit tun können; Er wird euch retten können, zubereiten und vollenden auf Seinen Tag. Wenn ihr aber eure Blicke immer wieder von Ihm wendet zur Kreatur und zum Irdischen, wie kann Er da etwas Rechtes aus euch machen? Wie kann Er euch da zur Vollendung bringen? Wie kann Er euch zurichten auf Seinen herrlichen, großen Tag? Wollt ihr denn als unvollkommene Christen hinüberkommen, als solche, an welchen der Herr noch so vieles zu richten und zu schlichten hat? Wollt ihr es anstehen lassen auf die Ewigkeit? Wollt ihr warten auf die Ewigkeitstiegel? Habt ihr denn nicht hier Gelegenheit genug, Erkenntnis genug, Licht genug?

101

Hier ein kurzer Kampf, ein kurzer Weg, wohl ein beschwerlicher, wohl einer, der mit Dornen besät ist; wohl ein schmaler, ein steiler, aber ein gewisser, ein sicherer Weg, ein Friedensweg für die Seele, die sich mit Ernst hingibt und weitergeht, auch wenn alle zurückbleiben, ein Friedensweg inmitten allem Leid, ein Friedensweg in allen Stürmen des Lebens. Denn Frieden hat eine solche Seele, sie ist erfüllt von dem hohen Himmelsglück, das der Herr ihr schenkt. Eine solche Seele sucht nicht Unvollkommenheiten bei andern zu finden, sondern schaut darauf, dass sie alles das überwinde, was aus ihrem Herzen hervortritt; sie bittet, dass der Herr sie das, was noch verborgen darin ist, erkennen lasse. Sie fleht und ringt, dass sie vollendet werde und zur Herrlichkeit gelange. Sie findet sich nicht für würdig, ins Himmelreich einzugehen, aber sie weiß, dass die Gnade und Barmherzigkeit des Herrn groß ist und sie hineinbringen wird. Nicht Worte sind's, mit welchen man das Himmelreich erringen kann, aber Gnade ist's und Erbarmen von dem Herrn.

102

Die, welche in der Jugend anfangen, können alle ihre Kräfte und ihr ganzes Wesen dem Herrn hingeben; sie hat Er ganz besonders lieb, wenn sie Ihm mit Entschiedenheit ihr Leben weihen. Wenn man im Alter anfängt, kann man das nicht mehr erringen; man kann wohl noch aus Gnaden selig werden und, wenn man viel versäumt hat und seine Schritte verdoppelt, noch manches erreichen; aber das nicht mehr, was man in der Jugend erreichen kann. Darum, wer klug ist, der fängt an dem Herrn zu dienen in frühen Jahren, der lässt die Welt und das Irdische zurück und eilt der Heimat mit schnellen Schritten zu. Freilich hat der, welcher in der letzten Stunde gekommen ist, denselben Groschen empfangen wie jener, der morgens schon gearbeitet hat (Mt 20, 1-16); doch müsst ihr bedenken, dass dies der Gnadengroschen der Seligkeit ist und dass eines, das frühmorgens mit Ernst und Eifer anfängt, Herrlichkeiten erreichen und erringen kann – und eine solche Seele wird dann auch nicht unzufrieden sein, wenn eine andere dasselbe empfangen würde.

103

Wenn einem Königreiche und Herrlichkeiten in jener unvergänglichen Welt angeboten sind, sollte man da nicht alles dafür dahintenlassen (dahingeben)? Erst recht, wenn der König selbst sie einem bereitet hat und spricht: „Komm, empfange sie aus Meiner Hand!"? Ja, wenn der König selbst Kronen bereitet und Orden und Herrlichkeiten austeilt, ist das nicht etwas Unaussprechliches?! Und um das sollte man nicht alles dahintenlassen können auf dieser Erde, auf dieser vergänglichen Welt, wo alles in den Staub sinkt, wo alles von den Motten, vom Rost gefressen wird, wo Königreiche und Kronen wanken und fallen, wo man nichts behalten kann, sondern alles einmal verlieren muss? An diese Welt ketten sich die Seelen! In dieser Welt suchen sie Ruhe und Frieden! In dieser Welt suchen sie ihr Glück, ihre Freuden! In dieser vergänglichen Welt suchen sie Reichtümer zusammenzubringen, suchen sie Ehre und sich festzusetzen, und ein jedes weiß doch, dass es einmal hinaus muss mit nichts, mit gar nichts.

104

Wie traurig und betrübend ist es, wenn eine Seele sich abgemüht hat ihr ganzes Leben lang, und wenn sie gesucht wird, weiß sie nicht, wo sie hineinkommt und was ihrer wartet. Wie namenlos unglücklich sind solche Seelen, denn sie haben sich ja nicht festgehalten an ihrem Heiland und haben nicht können um Seinetwillen etwas dahintenlassen, nein, sie haben die Welt und das Irdische festgehalten. Darum wohl dem, der den treuen Hirten der Seelen umfasst und der sich bewirbt um die himmlischen Güter und um die Gunst des Königs aller Könige und Herrn aller Herren. Diesem Fürsten zu gefallen, soll man sich bemühen, diesem

König soll man Treue halten und Ihm sich ganz hingeben. Und wie wenige tun dies mit Ernst und Entschiedenheit! Wie wenige auch unter denen, die sich Gotteskinder nennen, suchen Ihn, dessen Worte an jenem großen Tage allein gültig sind; sie wollen nur bei den Menschen Ehre haben.

105

Ein Gotteskind, ein wahres, treues, darf oft erfahren, dass der Heiland nach dem Allergeringsten schaut und dass Er's zu der Zeit, wo man's braucht, dem Kinde gibt. Viele von denen, die droben sind im Heiligtum, können es bezeugen, dass der Herr auch im Irdischen Großes an ihnen getan und sie niemals verlassen hat in schweren, großen Prüfungsstunden; doch diese Seelen sind zufrieden gewesen, wie der Heiland ihnen geholfen hat. Sie haben Ihm nichts vorgeschrieben, sondern waren glücklich mit der Hilfe des Herrn, auch wenn sie durch alle Erniedrigungen hindurchmussten. Denn ein Gotteskind, das dem Heiland nachfolgt, muss zuvor durch die Tiefen hindurch, um dann erst erhöht zu werden. Darum werden so viele nicht zufrieden, sind nicht glücklich und können sich nicht in das schicken, wie es ihnen geht, weil sie – wenn sie beten – meinen, sie müssen erhört werden nach ihrem eigenen Sinn und Willen, sie müssten haben, was andere haben.

106

Verlasset euch auf den Herrn ewiglich und nicht auf euch selbst oder auf Menschen, sondern auf Den, der da ist und der da war und der da sein wird. Er ist ein Fels und der Wahrhaftige, Er nimmt euch allezeit bei der Hand und sucht hineinzudringen in eure Herzen; darum kommet zu Ihm! Ich kann euch nichts Besseres und Herrlicheres sagen: *Kommet zum Heiland!* In dieser letzten, betrübten Zeit sind so viele vom Satan verblendet und wollen gar nichts wissen von dem treuen Sünderheiland, und es wird immer noch schrecklicher kommen, sodass sogar noch solche, welche bisher unter dem Haufen der Gotteskinder gelaufen sind*, Ihn verlassen um eitler Ehre und irdischer Güter willen. Möget ihr doch den Herrn bitten, dass ihr Treue halten und, wann es Zeit ist, alles dahintenlassen** könnet um Seinetwillen. Ja, bittet Ihn und verlasset euch auf Ihn und nicht auf euren Verstand und auf eure eigene Kraft.

107

Bittet allezeit: „Behalte mich doch bei Dir, behalte mich bei Dir in dieser letzten Zeit, dass der Fürst der Finsternis keine Macht noch Gewalt habe und keines verblenden kann!" Denn das ist wirklich sein Begehren, ganz besonders die Gotteskinder in seine Netze

---

* zur Gemeinschaft der Gotteskinder zählten.
** zurücklassen, dahingeben.

hineinzuziehen, unvermerkt vom wahren Glauben abzubringen, sie lau und träge zu machen, damit sie es dann nicht merken, dass er sie vom Guten wegführt. Sie meinen dann noch, sie haben das ewige Leben, aber es ist doch nicht so, sondern sie müssen draußen sein nach dem Tode und können nicht eingehen ins Reich des ewigen Friedens. *Darum wachet und betet, bleibet bei dem Heiland, lasset euch durch nichts von Ihm abbringen, sondern stehet fest!* – denn gewiss, ihr werdet sehen, dass ihr's nötig habt, die Zeiten werden ja immer ernster. Haltet euch an gar nichts auf! Die Kleider müssen bereitet werden, der Schmuck zugerichtet, auf dass man würdig erscheine vor Dem, der heilig ist.

108

Saget nicht: „Ich bin ein Gotteskind", wenn ihr nicht mit allem Ernst ringet und kämpfet, die Liebe Gottes ins Herz zu bekommen, wenn ihr nicht mit allem Ernst kämpfet gegen die Sünde und alles Ungöttliche und Unheilige, wenn ihr nicht mit ganzem Ernst darum bittet, dass der Herr doch alle bösen Wurzeln aus euren Herzen herausreißen möge und alles entfernen, was nicht ins Gottesreich taugt. Kann man denn dort ein zorniges Gemüt oder ein liebloses Wesen brauchen, ein Herz, das voll Neid und Zwietracht ist? Die Eigenliebe, den Eigensinn und den Eigenwillen? Kann der Herr ein hochmütiges Wesen brauchen? O nein! Denn das sind lauter Stücke von der Hölle, die entfernt werden müssen, ehe man ins Reich Gottes eingeht. Kann man ein eigennütziges Wesen brauchen, einen Menschen, welcher voll Geiz ist, der nur für sich selbst sorgt und nicht an andere denkt? Kann man eine sinnliche fleischliche Kreatur brauchen? Bittet doch den Herrn, dass alles, was ihr noch in euch traget, entfernt werde; denn in einem jeden Menschen liegt alles verborgen, es kann sich keiner ausschließen.

109

Je reiner ihr werdet, je heiliger ihr hier in dieser Zeit lebt, desto leuchtender werdet ihr drüben sein. Darum höret nicht auf zu beten und zu ringen; denn wer lau und träge ist, kann unmöglich hineinkommen. Und wenn er drüben auch noch hinanwächst, so hat er doch sehr lange zu tun. Auch in den seligen Räumen ist man oft sehr lang an einer Stelle. Was man hätte alles in der Gnadenzeit erreichen können in kurzer Zeit, in wenigen Gnadenjahren – denn eine ganze Lebenszeit ist ja kurz gegen die lange Ewigkeit – an dem hat man drüben so lange, so lange zu tun. O wie könntet ihr es weit bringen, wenn ihr nicht immer wieder euer altes Wesen anziehen würdet und wenn ihr euch nicht immer aufhalten lassen würdet von der Macht der Finsternis und auch von Menschen, welche euch abbringen wollen von dem wahren himmlischen Glück. O wie viele Seelen blicken zurück auf ihre Gnadenzeit und müssen ausrufen: „Ach hätte ich meine Stunden in der Zeit besser zugebracht! Wenn ich noch einmal auf die Erde dürfte, wie ganz anders würde ich leben, wie ganz anders würde ich alles tun!"

110

Je mehr ihr euch hineinversenket in die Liebe eures Herrn, desto mehr könnt ihr tun. Und wenn es auch keine großen Taten sind in der Welt Augen, so sind es doch die Taten, dass ihr euch selbst besieget und beherrschet; dass ihr eure Leidenschaften bekämpfet; dass ihr die Widerwärtigkeiten im täglichen Leben auf euch nehmet; dass ihr das gerne tut, was der Herr euch aufträgt, ein jegliches in dem Beruf (der Aufgabe), wo es steht; dass ihr nicht wanket und weichet, sondern mit frohem Mut vorwärts pilgert und zur himmlischen Heimat eilet. Das sind auch Heldentaten, mit diesen kann man auch eine Krone erringen. Siegeskronen werden solchen Seelen zuteil, die sich selbst bekämpfen und überwinden, die alles in den Tod legen und in dem Beruf, wo sie stehen, in Treue arbeiten; die beten im Kämmerlein für sich und andere. Das ist's was der Herr einst auch krönt und was Er auch sieht; denn was man im Stillen tut, wird Er einst vergelten öffentlich.

111

Je mehr man eingeht in das heilige Gesetz der Liebe, desto inniger wird man mit dem Herrn vereinigt und desto mehr bekommt man von ihm im Gebet. Denn:

„So ihr in mir bleibet und meine Worte in euch bleiben, werdet ihr bitten, was ihr wollt, und es wird euch widerfahren", spricht der Herr. (Joh 15,7) Das sind herrliche Worte, aber die Bedingung geht voraus: „So ihr in mir bleibet und meine Worte in euch bleiben." Das heißt: So ihr Mir nachfolget, so ihr Mich liebet, so ihr nach Mir schauet und nicht auf Menschen, so ihr euch in Mich hineinversenket, so ihr Meine Gebote haltet: dann werdet ihr bitten, was ihr wollt, und es wird euch widerfahren. Wer in diesem Sinn steht, wird auch nichts bitten, was gegen den Willen Gottes ist, und solche Seelen stehen voll Glaubensmacht und Glaubenskraft da. Denn wer das Wort Gottes in sich aufnimmt und sich allezeit von ihm nährt und regieren lässt, von dessen Leibe werden *Ströme des lebendigen Wassers* fließen, eine solche Seele kann im Glauben hindurchdringen.

112

Folget Dem, der eine Freude hat an einer jeden Seele, die nicht mehr an ihre Vergangenheit denkt, sie mag gesündigt haben wie sie will, wenn sie nur jetzt kommt, jetzt mit Ernst Ihm dient und Ihm lebt. Er deckt die Menge der Sünden zu mit Seinem teuren Gottesblut und mit Seinem heiligen Verdienst. Er, der große Hohepriester, Er will ja nur retten, nur retten, dazu ist Er ja gekommen. Auch von Seiner Herrlichkeit blickt Er auf jeden Sünder, auf jede einzelne Menschenseele hernieder. Er sieht, wie sie es meint, Er sieht, was sie tut und was in ihrem Innern verborgen ist. O darum kommet doch und lasset euch retten, retten in der Zeit! Sparet es nicht auf für die Ewigkeit, lasset euch nicht durch kleinliche Dinge abhalten, Ihm ganz in der Treue zu folgen und euch zu vereinigen mit denen, die den Herrn Jesum lieb haben und die Ihm nachfolgen wollen – und jaget nach der Heiligung, ohne welche keine einzige Seele den Herrn schauen kann.

Ich möchte Dich, Herr Jesus, sehn
von Angesicht zu Angesicht,
auf ewig Deine Wege gehn
und wandeln dort im ew'gen Licht.
Ich werde Deinen Namen tragen –
was kann ich Schön'res, Herr, denn sagen!

J. Fr. Oberlin

Die Bleibstätten der Toten

208 Seiten, gebunden, mit Abb.
und der Original-Jenseitskarte,
ISBN-13: 978-3-7999-0164-2

Pfarrer Johann F. Oberlin war einer der originellsten Christen seiner Zeit. Er lehrte eine biblisch begründete Jenseitskunde, die er in seiner einzigartigen Jenseitskarte „Bleibstätten der Verstorbenen" zusammenfasste. Überdies konnte er Verstorbene seiner Gemeinde auf ihrem Jenseitsweg begleiten. Aufsehen erregte Oberlins „Geisterehe" mit seiner verstorbenen Frau, die ihn über Jahre oft besuchte und mit ihm Angelegenheiten der Gemeinde beriet und vom Leben im Jenseits berichtete.

Karl Gerok

Palmblätter

480 Seiten, gebunden, mit Schutzumschlag, ISBN-13: 978-3-87683-144-2

Karl Gerok (Karl Friedrich von Gerok, 1815 -1890) war ein deutscher Theologe und Lyriker. 1866 wurde Karl Gerok zum Ehrenbürger der Stadt Stuttgart ernannt. Seine im Jahr 1881 unter dem Titel „Palmblätter" erstmals veröffentlichte und auch heute noch hoch geschätzte christliche Lyrik liegt hier in einer ansprechenden, qualitativ hochwertigen Neuausgabe vor.

Turm-Verlag • 74321 Bietigheim-Bissingen